Réflexe

1re STMG

W0283443

2e ÉDITION

DROIT

Sous la direction
de Patrick Mercati

Pauline Aicart
Pierre Arcuset
Alexandra Bucher
Patrick Mercati
Christine Palau

Nathan
TECHNIQUE

Avec ce livre, une licence i-Manuel 2.0

Le i-Manuel 2.0, un outil simple d'utilisation qui reprend l'ensemble des contenus de ce livre sous forme numérique et interactive.

Il permet d'accéder au contenu de ce manuel à tout moment et en tout lieu sur un ordinateur ou une tablette. L'utilisateur peut donc passer du papier au numérique et choisir le support qui lui convient le mieux selon le travail à faire et le lieu où il se trouve.

Une véritable interactivité entre l'enseignant et sa classe

- **Vidéoprojeter** en classe les activités, les documents et les corrections pour animer les cours et travailler collectivement.
- N **Feuilleter le livre papier enrichi et le télécharger** pour un usage sans connexion.
- N Bénéficier d'**une banque de ressources.**
- **Piloter la classe** en assurant le suivi du travail des élèves à distance et en cours (recevoir et envoyer du travail, faire des commentaires, intervenir en temps réel).
- **Intégrer et envoyer à la classe**, à un ou plusieurs élèves, **des documents personnels**.
- **Afficher les corrigés** ou la correction individuelle du travail de l'élève.
- **Imprimer** les documents nécessaires pour mettre les élèves en **situation d'examen**.

Des fonctionnalités innovantes pour favoriser l'intérêt, la motivation et l'implication des élèves

- **Saisir les réponses** en travaillant sur ordinateur ou tablette.
- **Faire les activités et les exercices**, préparer ou réviser le cours **en classe ou à la maison**.
- **Accéder** aux **ressources numériques**, vidéos, fichiers élèves (Word, Excel, GeoGebra...).
- **Sauvegarder** au **format Word** le travail effectué dans un dossier (classeur).
- **Envoyer le travail** au professeur.
- **S'enregistrer** pour les activités orales.
- **S'auto-évaluer**.

Toutes les infos et les tutos sur www.nathan.fr/i-manuel2

Avec ce livre, des ressources numériques en accès direct

Flashez les QR Codes avec votre smartphone ou saisissez les mini-liens associés pour accéder à des vidéos, animations, QCM...

Sommaire

Thème 1 Qu'est-ce que le droit ?

Thème 2 Comment le droit permet-il de régler un litige ?

Thème 3 Qui peut faire valoir ses droits ?

Thème 4 Quels sont les droits reconnus aux personnes ?

Fiches méthodes

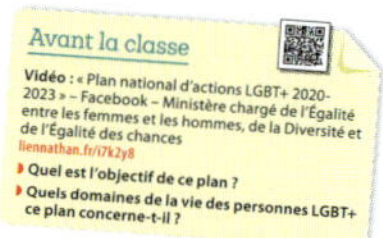

Cette rubrique permet d'introduire le cours par une question, une recherche Internet ou une vidéo

Allez plus loin ! Cette rubrique propose des ressources et questions complémentaires pour aborder les règles de droit dans un autre contexte ou en savoir plus sur certains points.

Ce pictogramme permet de repérer les fichiers « Allez plus loin ! » à télécharger sur le site compagnon.

Ce pictogramme permet de repérer les questions et les applications qui font appel à l'utilisation d'outils numériques.

Ce pictogramme permet de repérer les questions et les applications qui peuvent être réalisées en groupe.

Ce pictogramme indique le niveau de difficulté des applications (une étoile : maîtrise ; deux étoiles : expertise).

Vers PIX D1.1 Ce pictogramme permet de repérer les questions et les applications mobilisant les compétences numériques du référentiel PIX.

Crédits photographiques

Sauf indication contraire, toutes les illustrations proviennent de stock.adobe.com
Les photos se lisent de haut en bas et de gauche à droite.

Couverture : IP3 PRess/MAXPPP ; **p. 5 :** Fotosr52/Shutterstock ; **p. 6 :** Bruno Bleu ; **p. 8h :** Morkidz photography ; **p. 8b :** Budimir Jevtic ; **p. 10 :** New Africa ; **p. 13 :** Irina ; **p. 14 :** Tiko ; **p. 15 :** Brocreative ; **p. 17 :** Gabriel Cassan ; **p. 18b :** Sergey ; **p. 20g :** Bruno ; **p. 20d :** yosef19 ; **p. 22 :** Agence73Bis ; **p. 24 :** PackShot ; **p. 26 :** highwaystarz ; **p. 27 :** Petinovs ; **p. 28h :** rawpixel.com ; **p. 28b :** Prostock-studio ; **p. 29 :** Valmedia ; **p. 31h :** Shutterstock/Frederic Legrand – COMEO ; **p. 31b :** N Lawrenson/peopleimages.com ; **p. 33 :** rolffimages ; **p. 34 :** LIGHTFIELD STUDIOS ; **p. 35 :** vchalup ; **p. 36g :** snaptitude ; **p. 36d :** Monkey Business ; **p. 38g :** Regis Duvignau/REUTERS ; **p. 38d :** Proxima Studio ; **p. 41g :** fizzgig ; **p. 41d :** Gina Sanders ; **p. 43 :** Putida ; **p. 45h :** Michel Stoupak/Nur-photo/AFP ; **p. 45b :** Frédéric Massard ; **p. 46 :** Richard Villalon ; **p. 48 :** Brian Jackson ; **p. 51h** : AlcelVision ; **p. 51b** : Florence Piot ; **p. 52h :** Xiongmao ; **p. 52b** : mrallen ; **p. 54h :** Ricochet64 ; **p. 54b :** Olivier-Tuffé ; **p. 55 :** Jonathan Stutz ; **p. 57 :** savoieleysse ; **p. 59 :** Daisy Daisy ; **p. 61 :** Hadrian/Shutterstock ; **p. 62g :** Rawpixel.com ; **p. 62d :** Velirina ; **p. 64g :** Drobot Dean ; **p. 64m et d :** rh2010 ; **p. 66 :** candy1812 ; **p. 68 :** Dmitry Naumov ; **p. 69 :** phonlamaiphoto ; **p. 70 :** Overflightstock ; **p. 71 :** David Pereiras ; **p. 73 :** © Quad Films – Ten Cinema – Gaumont / © Collection Christophe L ; **p. 74 :** mma23 ; **p. 75g :** © Air France ; **p. 75d :** © Auchan ; **p. 76 :** digitalskillet1 ; **p. 78 :** Prostock-studio ; **p. 79 :** Eléonore H. ; **p. 80 :** Viacheslav Yakobchuk ; **p. 83 :** BOISSIERE/SIPA PRESS ; **p. 84hd :** philippe Devanne ; **p. 84md :** Richard Villalon ; **p. 84bg :** Shutterstock/ lentamart ; **p. 86g :** Brad Pict ; **p. 86d :** auremar ; **p. 87 :** Iurii Sokolov ; **p. 88g :** JKn ; **p. 88m :** Africa Studio ; **p. 88d :** shchus ; **p. 89g :** pixfly ; **p. 89d :** Peter Stein ; **p. 90 :** WavebreakmediaMicro ; **p. 91 :** JuliaM ; **p. 93 :** Jacob Lund ; **p. 95h :** GETTY IMAGES France ; **p. 95b :** carballo ; **p. 96a :** Olivier-Tuffé ; **p. 96b :** Tydav Photos ; **p. 96c :** GianlucaCiroTancredi ; **p. 96d :** Wayhome Studio ; **p. 98h :** Andrey Popov ; **p. 98b :** Svitlana ; **p. 100h :** Elnur ; **p. 100b :** © CNIL ; **p. 101 :** sezer66 ; **p. 102h :** Wisky ; **p. 102b :** Kzenon ; **p. 103h :** vchalup ; **p. 103b :** Delmaine Donson/peopleimages.com ; **p. 104 :** DWP ; **p. 105 :** oneinchpunch ; **p. 107h :** Claude Coquilleau ; **p. 107b :** pascal bierret ; **p. 108g :** healthylaura.com ; **p. 108d :** FineBokeh ; **p. 110h :** herreneck ; **p. 110m :** Nikolai Sorokin ; **p. 110b :** Pictures news ; **p. 112g :** Shutterstock/Everett Historical ; **p. 112d :** detailfoto ; **p. 114g :** bernanamoglu ; **p. 114d :** benjaminnolte ; **p. 115h :** wuttichok ; **p. 115b :** Martins Vanags ; **p. 116 :** Paolese ; **p. 117h :** Yanukit ; **p. 117b :** Thomas Launois ; **p. 119h :** shocky ; **p. 119b :** © Quentin Bertoux ; **p. 120h :** Julien Eichinger ; **p. 120mg :** Anatoly Repin ; **p. 120mm :** Alex Mit ; **p. 120md :** © Carrefour ; **p. 120b :** putilov_denis ; **p. 122h :** nikomsolftwaer ; **p. 122b :** ImLucky ; **p. 124hg :** © Coca-Cola ; **p. 124hm :** © Apple ; **p. 124hd :** © Michel et Augustin ; **p. 124m :** © INPI ; **p. 125 :** OceanProd ; **p. 127h :** avec l'aimable autorisation de M. Alain Mila ; **p. 127b :** WavebreakmediaMicro ; **p. 128 :** anekoho ; **p. 129 :** deagreez ; **p. 131 :** prophoto24.

Illustration **p. 7** de Laurent Blondel.

Édition : Fanny Morquin, Florence Terrasse
Code éditeur : 373331
Conception maquette : Anne-Danielle Naname
Mise en pages : Nord Compo
Conception couverture : Vincent Rioult
Fabrication : Emmanuelle Perrier

ISBN 978-2-09-502059-0

Le droit et ses fonctions dans la société

1

Capacités

- Expliquer et distinguer les fonctions du droit
- Vérifier les caractères de la règle pour une règle de droit donnée
- Qualifier juridiquement une situation

Vers PIX

D1.1. - Mener une recherche et une veille d'information

Avant la classe

Vidéo : « Plan national d'actions LGBT+ 2020-2023 » – Facebook – Ministère chargé de l'Égalité entre les femmes et les hommes, de la Diversité et de l'Égalité des chances
liennathan.fr/i7k2y8

- **Quel est l'objectif de ce plan ?**
- **Quels domaines de la vie des personnes LGBT+ ce plan concerne-t-il ?**

Situation

DROITS LGBT+ : LUTTE CONTRE LES DISCRIMINATIONS ET POLITIQUE DE L'ÉGALITÉ

Le plan national pour l'égalité des droits, contre la haine et les discriminations anti-LGBT+ pour la période 2020-2023 [lancé par le Gouvernement en 2020] part du constat que le quotidien des personnes lesbiennes, gays, bi et transgenre demeure empreint de violences et de discriminations.

Les manifestations de haine anti-LGBT+ perdurent même si l'opinion publique a fortement évolué. Selon une étude IFOP, en 2019, 85 % des personnes interrogées (contre 24 % en 1975) déclarent considérer l'homosexualité comme une manière de vivre sa sexualité comme une autre.

www.viepublique.fr, 01/02/2022.

1 Identifier la fonction de « pacification » du droit

DOC. 1 Le droit, un facteur de pacification des rapports entre les personnes

En interdisant et en punissant certains comportements constituant des atteintes aux personnes (violences, meurtre) ou aux biens (détérioration, vol), le droit permet de prévenir les infractions. En effet, l'existence de la sanction **dissuade la majorité des individus de transgresser les règles, ce qui évite les conflits.** Lorsque les règles sont malgré tout transgressées, le droit organise la **sanction afin de punir l'auteur de la violation** et, le cas échéant, de réparer le préjudice subi par la victime.
Le droit permet donc de pacifier les relations entre les individus en prévenant ou en réglant les conflits.

QUELQUES EXEMPLES DE SANCTIONS PRÉVUES PAR LE CODE PÉNAL

Selon **l'article R625-8**, la diffamation non publique commise envers une personne ou un groupe de personnes à raison de leur sexe, de leur orientation sexuelle ou identité de genre est punie de l'amende prévue pour les contraventions de la 5e classe (1 500 euros et 3 000 euros en cas de récidive).
Selon **l'article R625-8-1**, l'injure non publique commise envers une personne ou un groupe de personnes à raison de leur sexe, de leur orientation sexuelle ou identité de genre est punie des mêmes peines.
Selon **l'article 222-27**, les agressions sexuelles autres que le viol sont punies de cinq ans d'emprisonnement et de 75 000 euros d'amende.
Selon les **article 225-1 et 225-2** relatifs à la discrimination, toute distinction opérée entre les personnes physiques sur le fondement de leur origine, de leur sexe, de leur situation de famille, de leur grossesse, de leur apparence physique, (...) de leurs mœurs, de leur orientation sexuelle, de leur identité de genre, de leur âge, est punie de trois ans d'emprisonnement et de 45 000 euros d'amende (...).
Article 222-33-2-2 : Le fait de harceler une personne par des propos ou comportements répétés ayant pour objet ou pour effet une dégradation de ses conditions de vie se traduisant par une altération de sa santé physique ou mentale est puni d'un an d'emprisonnement et de 15 000 euros d'amende [...]

DOC. 2 Les fondements et principes de la justice

Dans notre démocratie, la Justice remplit une mission fondamentale de l'État qu'il ne saurait ni concéder ni aliéner. **Nul ne peut se faire justice lui-même**. La Justice est un service public, elle est rendue au nom du peuple français. Gardienne des libertés individuelles et de l'**État de droit**[1], elle veille à l'application de la Loi et garantit le respect des droits de chacun. C'est à elle seule qu'il appartient de trancher, en toute neutralité, les conflits entre les personnes et de sanctionner les comportements interdits (infractions).

www.justice.gouv.fr

1. Système institutionnel dans lequel même la puissance publique est soumise au droit.

DOC. 3 L'ordre public

Le Conseil constitutionnel n'a jamais défini ce qu'il entendait par ordre public... mais, à la lecture de [s]es décisions, il est facile de comprendre ce à quoi il fait référence. Il s'agit en fait d'une notion que tout le monde comprend sans qu'il soit besoin de lui donner une définition précise ! [...]
Elle recouvre « le **bon ordre**, la **sécurité**, la **salubrité** et la **tranquillité publique** ».

Pierre Mazeaud, www.conseil-constitutionnel.fr

DOC. 4 Principes généraux d'après la Constitution

Le peuple français proclame son attachement aux **Droits de l'Homme** [...] tels qu'ils ont été définis par la Déclaration de 1789.
La France est une République indivisible, **laïque**, démocratique et sociale. Elle assure l'égalité devant la loi de tous les citoyens [...].
La devise de la République est « **Liberté**, **Égalité**, **Fraternité** ».

Situation

3 790 actes anti-LGBT+ ont été enregistrés par les services de police et de gendarmerie en 2021, soit une hausse de 28 % par rapport à 2020.

Les atteintes enregistrées sont principalement les diffamations ou injures, les atteintes physiques et les menaces. On relève aussi d'autres infractions telles que les atteintes aux biens (4,8 %), les atteintes à caractère sexuel, le harcèlement (4,1 %), et les discriminations (3,4 %).

Répartition des atteintes « anti-LGBT+ » enregistrées par les forces de sécurité en 2020 et 2021

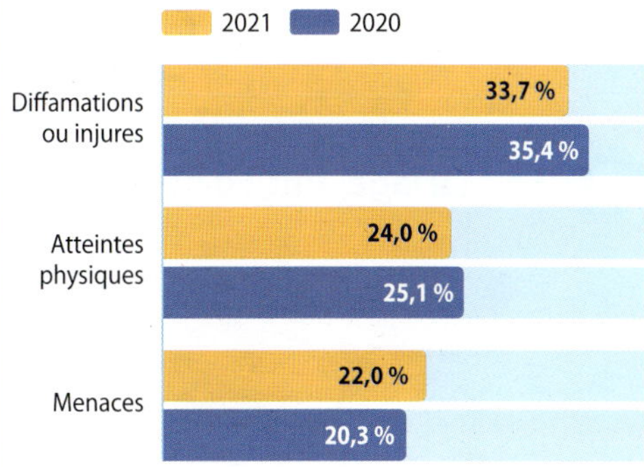

1 Listez les comportements interdits et punis par le droit et indiquez si possible les sanctions prévues pour chacun d'eux. ◐ Document 1

2 Quelle serait la probable réaction des victimes d'atteintes aux personnes ou aux biens si ces comportements n'étaient pas interdits et sanctionnés par les tribunaux ? ◐ Document 2

3 Indiquez si les droits et interdictions cités correspondent au maintien de l'ordre public ou à l'un des principes généraux de la société. ◐ Documents 3 et 4

a. Libre communication des pensées et des opinions

b. Obligation de l'autorisation des manifestations par la préfecture

c. Interdiction des violences sur personne

d. Liberté de réunion

e. Interdiction du vol

f. Liberté d'adhésion à un syndicat pour tout salarié

g. Égalité des droits entre femmes et hommes garantie

4 Selon certains, un régime de sanctions doit comporter des sanctions suffisamment sévères pour avoir un effet dissuasif. Que pensez-vous de cette affirmation ?

Allez plus loin !

C'est à la justice seule qu'il revient de sanctionner

Vidéo : « En France, on ne se fait pas justice soi-même » – Europe 1
liennathan.fr/xs933t

À Roanne (Loire), un père roue de coups un adolescent qu'il accuse d'attouchements sexuels sur sa fille.

1 Quels sont les faits ?

2 Quelles infractions ont été commises et quelles sont les sanctions encourues par les auteurs ?

3 Que rappelle le procureur de la République de Roanne ? Rapprochez sa déclaration de l'une des fonctions du droit.

2 Identifier la fonction d'« organisation » du droit

DOC. 5 Le mariage, outil d'organisation des rapports familiaux

Code civil

Article 143 – Le mariage est contracté par deux personnes de sexe différent ou de même sexe.

Article 144 – Le mariage ne peut être contracté avant 18 ans révolus.

Article 203 – Les époux contractent ensemble, par le fait seul du mariage, l'obligation de nourrir, entretenir et élever leurs enfants.

DOC. 6 La solidarité familiale

Les enfants doivent des aliments à leurs père et mère ou autres ascendants qui sont dans le besoin, indique l'article 205 du Code civil.

Qu'est-ce que l'obligation alimentaire ?

Il faut entendre par « alimentaire » tout ce qui est nécessaire à la vie courante : hébergement, nourriture, vêtements, soins médicaux… (Cour de cassation, chambre civile, 28 février 1938). Une obligation similaire pèse sur les parents envers leurs enfants, mais sa portée est plus étendue.

Qui doit respecter l'obligation alimentaire ?

Seuls les descendants en ligne directe (enfants, petits-enfants…) doivent aider leur(s) ascendant(s) (parents, grands-parents, arrière-grands-parents…). Cette obligation n'incombe pas aux parents collatéraux, un frère envers sa sœur, par exemple.
[…] les gendres et belles-filles sont tenus à cette même obligation envers leur beau-père et leur belle-mère […].

www.mercipourlinfo.fr, 22/04/2022.

DOC. 7 Le droit, un facteur d'organisation des rapports sociaux

Le droit **organise les rapports entre les hommes vivant en société**. Ainsi, en créant des droits et des obligations, il réglemente les rapports familiaux (entre époux, entre membres d'une même famille : obligation des époux d'élever et d'entretenir leurs enfants, obligation alimentaire, etc.) ainsi que les rapports économiques et sociaux (rapport entre employeur et salarié, par exemple).

DOC. 8 Le principe d'égalité salariale

Le principe « à travail égal, salaire égal » a été énoncé pour la première fois dans la Déclaration universelle des droits de l'homme de 1948, à l'article 23 : « Toute personne a droit au travail, au libre choix de son travail, à des conditions équitables et satisfaisantes et à la protection contre le chômage. Tous ont droit, sans aucune discrimination, à un salaire égal pour un travail égal. » […]

C'est la Cour de cassation qui a conféré à ce principe la valeur d'une règle impérative, dans l'arrêt X… du 29 octobre 1996 (Soc., 29 octobre 1996, Bull. 1996, V, n° 359), présentée comme une norme générale, dont l'égalité hommes/femmes n'est qu'une application ; l'arrêt […] précité précise « qu'il s'en déduit que l'employeur est tenu d'assurer l'égalité de rémunération entre tous les salariés de l'un ou l'autre sexe, pour autant que les salariés en cause sont placés dans une situation identique ».

Depuis, la règle a été réaffirmée à de nombreuses reprises et elle a même la valeur d'un principe général.

Mathilde Zylberberg, magistrate, www.courdecassation.fr

Situation

La stratégie nationale vise une égalité des droits, notamment dans le domaine de la vie privée et de la vie familiale. Le projet de loi relatif à la bioéthique ouvre la procréation médicalement assistée (PMA) aux couples de femmes et aux femmes célibataires avec reconnaissance de la filiation. La reconnaissance de la filiation pour la « mère sociale » des enfants nés avant l'adoption de la loi bioéthique est également prévue. Ces mesures s'inscrivent dans une évolution qui a vu l'institution du pacte civil de solidarité (PACS) en 1999, puis l'ouverture aux couples de même sexe du mariage et de l'adoption en 2013. Avec l'adoption du « mariage pour tous », la France [est devenue] le 9e pays de l'Union européenne à autoriser le mariage homosexuel et le 14e pays dans le monde.

www.vie-publique.fr, 01/02/2022.

5 Quelles sont les personnes autorisées à se marier ? Document 5

6 Quelles obligations découlent du mariage ? Documents 5 et 4

7 Quels rapports les règles relatives au mariage organisent-elles ? Document 7

Situation

Les discriminations à l'encontre des personnes LGBT+ touchent en particulier le milieu professionnel [...]. Une étude de l'Institut national de la statistique et des études économiques (INSEE) publiée en 2014 met en évidence un écart de salaire selon l'orientation sexuelle qui concerne principalement les hommes homosexuels. Cet écart, par rapport à la rémunération des hommes hétérosexuels, est d'environ - 6,5 % dans le secteur privé et d'environ - 5,5 % dans le secteur public.

www.vie-publique.fr, 01/02/2022.

8 Qu'est-ce que le principe d'égalité salariale ? Pour qui est-il une contrainte ? Pour qui est-il un droit ? Document 8

9 Indiquez si les droits et obligations suivants résultent du principe de liberté, d'égalité ou de solidarité. Document 4 p. 6

a. Faculté de se marier ou de ne pas se marier ; **b.** Neutralité religieuse pour tous les agents du service public ; **c.** Obligation alimentaire entre ascendants et descendants.

Allez plus loin !

Pourquoi adopter ses beaux-enfants ?

Article : « Adoption de l'enfant mineur de l'époux, du partenaire de PACS ou du concubin » – Ministère de l'Intérieur liennathan.fr/4q9dc8

1 Quels intérêts le recours à l'adoption simple de l'enfant de son époux, partenaire ou conjoint présente-t-il ?

2 À quelles conditions cette adoption est-elle possible ?

3 Vérifier les caractères de la règle de droit

DOC. 9 La règle de droit est obligatoire

La règle de droit est obligatoire pour tous ceux à qui elle s'applique.
Pour obtenir des individus qu'ils se conforment à la règle de droit, des sanctions sont prévues.
La finalité de la sanction varie selon le type de sanction.

Type de sanctions	Sanctions pénales	Sanctions civiles
Finalité des sanctions	Elles visent à punir celui qui a violé la règle de droit et à prévenir les infractions par la menace de la peine.	Elles forcent les individus à réparer le préjudice subi par une personne ou à se conformer à la règle.
Exemples	Amende, emprisonnement, retrait ou suspension du permis de conduire, travaux d'intérêt général	Dommages-intérêts, nullité d'un contrat, saisie de biens

La sanction des violences

Article 222-13 du Code pénal
Les violences ayant entraîné une incapacité de travail inférieure ou égale à huit jours ou n'ayant entraîné aucune incapacité de travail sont punies de trois ans d'emprisonnement et de 45 000 euros d'amende lorsqu'elles sont commises : […]
[à] raison du sexe, de l'orientation sexuelle ou de l'identité de genre vraie ou supposée de la victime […].

DOC. 10 Le caractère obligatoire de la règle de droit la distingue des autres règles

Une autre discipline propose aux hommes des règles de conduite en société : c'est la morale !
Exemple : être charitable envers les autres.
Mais, contrairement à la règle de droit, la règle de morale n'est pas obligatoire car le non-respect de celle-ci n'entraîne pas de sanction.
Pour autant, certaines règles sont inspirées de la morale.
Exemple : le meurtre, immoral, est puni par le droit : le fait de donner volontairement la mort à autrui constitue un meurtre.
Il est puni de trente ans de réclusion criminelle (art. 221-1 du Code pénal).

DOC. 11 La règle de droit est générale

Aux termes de l'article 6 de la Déclaration des droits de l'homme et du citoyen, la loi « doit être la même pour tous ». La règle de droit ne s'applique donc pas à telle ou telle personne nommément désignée, mais à toutes les personnes sans distinction, ou à une catégorie de personnes déterminée.

Exemples de règles de droit	Catégorie de personnes concernées
« Chacun a droit au respect de sa vie privée » : art. 9 du Code civil	Tous les individus
« Il est tenu un registre du commerce et des sociétés auquel sont immatriculés, sur leur déclaration : 1° Les personnes physiques ayant la qualité de commerçant […] » : art. L123-1 du Code de commerce	Les commerçants
« Le licenciement pour motif économique d'un salarié ne peut intervenir que lorsque tous les efforts de formation et d'adaptation ont été réalisés […] » : art. L1233-4 du Code du travail	Les employeurs et les salariés

DOC. 12 La règle de droit est légitime

La plupart d'entre nous acceptent de se soumettre aux règles de droit parce qu'elles sont élaborées par des représentants du peuple, c'est-à-dire par des institutions légitimes.

Situation

Le 13 juin 2020 à Ajaccio, deux jeunes hommes avaient été violemment pris à partie par deux autres hommes qui les avait vus s'embrasser dans un bar. Le tribunal correctionnel d'Ajaccio a condamné les deux agresseurs à dix mois de prison, dont six avec sursis. Ils devront également indemniser l'une des victimes.

D'après Laetitia Giannechini, www.corsematin.com, 14/06/2022.

10 Quelle règle les agresseurs condamnés semble-t-il avoir violée ? Document 9

11 Identifiez et qualifiez les sanctions prononcées en distinguant leur finalité. Document 9

Situation

La Cour européenne des droits de l'Homme (CEDH) a condamné jeudi 8 septembre 2022 la France pour violation du droit à la vie privée, après avoir conservé des données sur un Français supposé homosexuel, dont le don du sang a été refusé à plusieurs reprises. […] Lors d'une première tentative de don en 2004, Laurent Drelon […] avait refusé, au cours de l'entretien médical préalable, de répondre quand il lui avait été demandé s'il avait déjà eu un rapport sexuel avec un homme.

www.nicematin.com, 8/09/2022.

12 Selon la CEDH, quel droit la France a-t-elle violé ? À qui ce droit bénéficie-t-il ? Document 11

Situation

Le troisième comité de suivi du Plan LGBT + s'est tenu le 22 février [2022], présidé par Élisabeth Moreno, ministre déléguée auprès du Premier ministre chargée de l'Égalité entre les femmes et les hommes, de la Diversité et de l'Égalité des chances […]. Ce dernier comité de suivi du quinquennat a permis de dialoguer avec les associations autour des engagements pris par le Gouvernement et la majorité parlementaire, notamment la PMA pour toutes les femmes […].

www.egalite-femmes-hommes.gouv.fr, 22/02/2022.

13 Pourquoi peut-on dire que les règles issues du Plan LGBT+ sont « légitimes » ? Document 12

Allez plus loin !

Les femmes seules et les homosexuelles en couple ont-elles droit à la PMA ?

Vidéo : « France : le Parlement adopte la loi de bioéthique et ouvre la PMA à toutes les femmes » – France 24 liennathan.fr/6i8f4v

1 Recherchez ce qu'est la PMA. Vers PIX D1.1

2 Qu'était la réglementation de la PMA avant la loi du 2 août 2021 ? Qu'en est-il aujourd'hui ?

3 Vérifiez le caractère légitime de la règle de droit relative à la PMA. Vers PIX D1.1

Applications

QUIZ
liennathan.fr/99t9pk

1 Maîtriser les notions et le vocabulaire juridiques

★

Indiquez la (ou les) proposition(s) correcte(s).

1. Fonctions du droit
- ☐ Pacifier les rapports entre les individus
- ☐ Violer les libertés fondamentales des personnes
- ☐ Organiser les rapports sociaux

2. Principes généraux d'après la Constitution
- ☐ Religion unique imposée
- ☐ Solidarité ☐ Discrimination ☐ Liberté
- ☐ Égalité ☐ Oppression ☐ Laïcité

3. Fondements et principes de la justice
- ☐ Œil pour œil, dent pour dent
- ☐ Nul ne peut se faire justice lui-même
- ☐ État de droit garanti

4. Ordre public
- ☐ Bon ordre ☐ Sécurité publique
- ☐ Tranquillité publique
- ☐ Insalubrité publique

5. Règle de droit
- ☐ Facultative ☐ Obligatoire ☐ Générale ☐ Adoptée par des autorités illégitimes
- ☐ Parfois inspirée de la morale ☐ Toujours inspirée de la morale

6. Finalité de la sanction civile		**7. Finalité de la sanction pénale**
☐	Punir celui qui a violé une règle de droit	☐
☐	Réparer le préjudice subi par une victime	☐
☐	Ex. : amende, emprisonnement	☐
☐	Ex. : dommages-intérêts, nullité d'un contrat	☐

2 Identifier le droit comme facteur de pacification de la société

★

Du 20 juillet au 18 septembre 2020, un couple de squatteurs s'était introduit frauduleusement dans une maison cossue de Saint-Honoré-les-Bains et l'avait squattée pendant plusieurs semaines, engendrant des dégradations, et volant de l'énergie et de l'eau. [...]

[L]'affaire a finalement été jugée mardi 2 novembre [2021]. Les squatteurs ont tous deux été condamnés à treize mois de prison ferme et à verser près de 6 000 € en réparation du préjudice moral et matériel subi par la victime.

Marlène Martin, www.lejdc.fr, 2/11/2021.

1. Quel droit le couple condamné a-t-il violé ?
2. Quelles infractions a-t-il commises ?
3. Distinguez les deux types de sanctions prononcées et leur finalité.
4. Quelle aurait pu être l'issue du litige si le propriétaire de la maison n'avait pas eu la possibilité d'agir en justice pour faire reconnaître son droit et les infractions ?

DOC. **Ce que dit la loi**

Article 544 du Code civil – La propriété est le droit de jouir et disposer des choses de la manière la plus absolue, pourvu qu'on n'en fasse pas un usage prohibé par les lois ou par les règlements.
Article 226-4 du Code pénal – L'introduction dans le domicile d'autrui à l'aide de manœuvres, menaces, [...] est puni d'un an d'emprisonnement et de 15 000 euros d'amende.
Le maintien dans le domicile d'autrui à la suite de l'introduction mentionnée au premier alinéa [...] est puni des mêmes peines.
La **loi du 7 décembre 2020** a créé une procédure accélérée d'évacuation forcée des occupants illégaux. Elle permet aux propriétaires de se faire assister d'un huissier de justice dans les démarches permettant de récupérer leur bien. En outre, le préfet, saisi d'une demande de mettre en demeure les squatteurs de quitter le logement, doit notifier sa décision ou motiver son refus dans les 48 heures suivant la réception de la demande et, si la mise en demeure de quitter le logement n'est pas respectée dans les 24 heures suivantes, ordonner l'évacuation forcée.

3 Identifier les caractères de la règle de droit, identifier des sanctions et leur finalité

★

CBD, cannabis et cannabis thérapeutique, un point sur la règlementation

Le cannabis est une plante dont peuvent être tirés différents produits qui se distinguent par leurs usages (récréatif, thérapeutique, « bien-être »...). La teneur en THC (tétrahydrocannabinol) et CBD (cannabidiol) et l'usage de ces produits déterminent leur statut juridique.

• **Le cannabis récréatif** est un produit stupéfiant riche en THC, une molécule psychoactive à l'origine des effets associés à la consommation de cannabis et responsable de son caractère addictif. Sa consommation et sa commercialiation sont illégales.

• **Les produits dits CBD**, le « chanvre bien-être », contiennent une quantité de THC moindre et une quantité de CBD plus importante. Leur commercialisation et leur consommation sont autorisées tant que le seuil de THC reste inférieur à 0,3 %. Toutefois, les vendeurs de CBD ne peuvent ainsi pas revendiquer d'effets thérapeutiques, et la publicité concernant ces produits doit veiller à ne pas entretenir de confusion avec le cannabis récréatif.

• **Le cannabis thérapeutique**, qui bénéficie d'un régime dérogatoire, se distingue du CBD et du cannabis récréatif non pas par sa composition chimique, mais par son usage. Le terme désigne en effet une utilisation de la plante cannabis à des fins médicales. Depuis mars 2021 et jusqu'au 31 mars 2023, le cannabis thérapeutique est autorisé à titre expérimental en France. Il peut être prescrit par les médecins et délivré par les pharmaciens.

D'après Fédération Addiction, www.federationaddiction.fr, 09/03/2022.

Plusieurs boutiques [...] vendant des produits à base de cannabidiol (CBD) ont annoncé leur fermeture « pour une durée indéterminée » à la suite d'une enquête ouverte par le parquet d'Aurillac pour trafic de stupéfiants [...]

Deux hommes et deux sociétés ont été mis en examen jeudi dernier, dans le cadre d'une information judiciaire ouverte par le tribunal judiciaire d'Aurillac [...]. Ces infractions « visent un trafic de résine de cannabis ou de CBD présentant un taux de THC (tétrahydrocannabinol) supérieur à 0,3 % », a précisé cette source. Le THC est la molécule aux effets psychoactifs, dont le seuil ne doit pas dépasser 0,3 % en France. Les chefs de mise en examen concernent notamment l'importation, l'acquisition, la détention, le transport, l'emploi et offre ou cession de stupéfiants [...].

www.lefigaro.fr, 26/10/2022.

1. Identifiez les règles applicables aux différents produits issus du cannabis.
2. Quelles sont les infractions retenues contre les hommes mis en examen à Aurillac ? Quelles sanctions encourent-ils ? Quelle est la finalité de ces sanctions ?
3. Quel caractère de la règle de droit pouvez-vous déduire de l'existence de sanctions ?
4. Le régime dérogatoire applicable au cannabis thérapeutique s'oppose-t-il, selon vous, au caractère général de la règle de droit ? Justifiez.

DOC. Code pénal

Article 222-37

Le transport, la détention, l'offre, la cession, l'acquisition ou l'emploi illicites de stupéfiants sont punis de dix ans d'emprisonnement et de 7 500 000 euros d'amende. [...]

4 Expliquer le droit comme facteur d'organisation des rapports sociaux

La Cour de cassation confirme l'interdiction du port de signes religieux pour les avocats

La Cour de Cassation a donné raison, mercredi [2 mars 2022], à la cour d'appel de Douai (commune du nord de la France), en rejetant les recours déposés par deux avocats qui réclamaient l'annulation de l'interdiction du port de signes religieux votée en 2019 par le conseil de l'ordre du barreau de Lille. « Le conseil de l'ordre d'un barreau peut interdire de porter, avec la robe d'avocat, tout signe manifestant une appartenance ou une opinion religieuse, philosophique, communautaire ou politique », a estimé la Cour.

[Selon elle], « en imposant à ses membres de porter la robe d'audience sans aucun signe distinctif, le conseil de l'ordre contribue à assurer l'égalité entre avocats et, à travers celle-ci, l'égalité entre justiciables. Ce principe d'égalité est l'un des éléments constitutifs du droit à un procès équitable ». [...]

La Cour déclare définitivement que « cette interdiction ne constitue pas une discrimination » et ferme donc [....] la possibilité pour les femmes voilées de plaider en accord avec leurs convictions religieuses.

Fatih Karakaya, www.aa.com.tr/fr, 3/03/2022.

1. À quelle catégorie de personnes la décision de la Cour de cassation du 2 mars 2022 s'applique-t-elle ?
2. Quelle règle pose-t-elle ?
3. Quels principes généraux sont en jeu dans cette affaire ?
4. Quelle règle s'applique aux salariés d'une entreprise ?
5. L'existence de règles relatives au port des signes religieux vous semble-t-elle nécessaire ? Quel principe général ces règles doivent-elles respecter ?

DOC. Religion dans l'entreprise : quelles sont les règles ?

L'employeur ne peut pas interdire au salarié d'avoir une conviction religieuse.
Le port d'un signe ou d'un vêtement religieux est autorisé.
Toutefois, la liberté de se vêtir pendant le temps et sur le lieu de travail n'est pas une liberté fondamentale. L'employeur peut ainsi interdire certaines tenues ou accessoires (ou imposer le port de certaines tenues) pour des raisons de sécurité, de santé ou d'hygiène sanitaire.
C'est le cas, par exemple, d'incompatibilité entre le port d'un signe religieux et d'un équipement obligatoire de protection.

www.service-public.fr

5 Identifier un principe général de la société et ses limites

« Abrutis », « pourrissez-les » : Jean-Luc Mélenchon condamné pour des insultes envers des journalistes de Radio France

« Abrutis », « menteurs », ces insultes proférées en 2017 par Jean-Luc Mélenchon à destination de journalistes de Radio France viennent de coûter une condamnation au chef de file des insoumis [...] 3 000 euros de dommages et intérêts à Radio France, et [...] 500 euros d'amende avec sursis.

Le camp Mélenchon a néanmoins affirmé qu'il ferait appel de cette décision, « sévère contre la liberté d'expression d'un chef politique » [...]

Aury Bouzar, www.lindependant.fr, 11 janvier 2022.

1. Quel principe général est invoqué par le camp du responsable politique à l'occasion de cette affaire ?
2. Quelle règle pose-t-il ? Vers PIX D1.1
3. À quelles limites se heurte-t-il ? Vers PIX D1.1
4. Faites des recherches sur les suites judiciaires de cette affaire. Vers PIX D1.1

6 Se préparer au bac — Qualifier juridiquement une situation

Pour cette application, vous pouvez vous aider de la fiche méthode 2.

Nadège et Laurent vivent dans un petit village à quelques kilomètres de Cannes dans les Alpes-Maritimes, dans une maison appartenant à Laurent. Ils y vivent avec leurs quatre enfants : Carla et Léo, les enfants de Nadège, issus d'un premier mariage et Gabrielle et Antoine, les enfants de Laurent également issus d'une première union. Après quatre ans de vie commune, Nadège et Laurent se sont mariés afin de concrétiser leur union. En outre, Laurent aimerait adopter les enfants de Nadège, leur père étant décédé depuis cinq ans.

Laurent, très bricoleur, envisage d'agrandir sa maison de deux chambres afin que chacun des enfants ait la sienne.

Nadège espère que ce projet ne sera pas compromis par la perte de son emploi. Embauchée depuis 16 ans par une entreprise de transport locale, elle a récemment été mise en garde par son patron qui lui reproche quelques retards.

1. Identifiez les personnes appartenant à la famille recomposée et précisez les liens juridiques qui existent entre elles.
2. Énoncez, en les qualifiant, les droits et obligations qui existent entre chacun de ses membres.
3. Le projet de Laurent est-il soumis à autorisation du maire ? Justifiez en qualifiant les faits.
4. Dans quel but la puissance publique réglemente-t-elle les constructions ?
5. Nadège peut-elle craindre de perdre son emploi en raison de quelques retards ? Justifiez en qualifiant les faits.
6. Quelle est l'utilité des règles relatives au licenciement ?

DOC. 1 L'autorité parentale

Article 371-1 du Code civil

L'autorité parentale est un ensemble de droits et de devoirs ayant pour finalité l'intérêt de l'enfant.
Elle appartient aux parents jusqu'à la majorité […] pour le protéger dans sa sécurité, sa santé et sa moralité, pour assurer son éducation […].

DOC. 2 Votre projet est-il soumis à une autorisation d'urbanisme ?

Dans un certain nombre de cas, un permis de construire est exigé. D'une manière générale, il concerne les travaux de construction de grande ampleur (construction d'une maison individuelle et/ou ses annexes). Toutefois, il s'applique également à plusieurs autres cas (certains agrandissements, construction d'un abri de jardin…). La demande de permis de construire doit être adressée par lettre recommandée avec avis de réception ou déposée à la mairie.

« Permis de construire », www.service-public.fr

DOC. 3 Retards du salarié et licenciement

Selon l'article L1232-1 du Code du travail, le licenciement doit être justifié par « une cause réelle et sérieuse ».
Concernant les retards d'un salarié, il a été jugé que ceux-ci ne peuvent constituer une cause réelle et sérieuse de licenciement que s'il existe une certaine répétition dans les retards et que ces derniers présentent une perturbation quant à la bonne marche de l'entreprise.

Synthèse

SYNTHÈSE AUDIO
liennathan.fr/78x3tu

Le droit et ses fonctions dans la société

La fonction de pacification du droit

- Dissuader les individus de transgresser le droit en prévoyant des **sanctions** → = Paix sociale → **ordre public** maintenu
- Appliquer la sanction lorsque les règles sont transgressées → 2 types de sanctions :
  - sanctions **civiles**
  - sanctions **pénales**

La fonction d'organisation du droit

→ Organiser les **rapports sociaux** :

- **Familiaux**
  Ex. : obligation alimentaire entre ascendants/descendants.
- **Économiques et sociaux**
  Ex. : entre employeur et salarié (licenciement économique, égalité salariale, etc.).

Dans le respect des principes généraux de la société :
- égalité
- liberté
- solidarité
- laïcité

Les caractères de la règle de droit

- **OBLIGATOIRE** → Si la règle de droit n'est pas respectée, des sanctions s'appliquent (différence avec la règle morale).
- **GÉNÉRALE** → La règle de droit s'applique à tous ou à une catégorie de personnes. *Ex.* : Français majeurs, commerçants, salariés, employeurs.
- **LÉGITIME** → La règle de droit est adoptée par des institutions légitimes.

Rédigez votre synthèse personnelle à l'aide des mots-clés suivants :

- Fonctions du droit : pacification/organisation
- État de droit
- Ordre public
- Laïcité (principe)
- Égalité (principe)
- Liberté (principe)
- Solidarité (principe)
- Règle de droit : caractères obligatoire, général, légitime
- Règle de morale
- Autorité légitime

Les sources du droit

2

Capacités
- Identifier la source d'une règle de droit
- Distinguer les différentes institutions
- Expliquer le sens et la portée d'une décision de justice

Vers PIX
D1.1. - Mener une recherche et une veille d'information

Avant la classe

Vidéo : « Loi anti-gaspillage pour une économie circulaire » – Ministère de l'Écologie, de l'Énergie et des Territoires
liennathan.fr/tp748q

Quels sont les principaux objectifs de la loi Agec ?

Situation

Terminé l'incinération ou l'enfouissement de produits neufs parfaitement conformes. Depuis le 1er janvier 2022, et l'entrée en vigueur de cette mesure de la loi anti-gaspillage (loi Agec), il n'est plus possible pour les entreprises de détruire simplement les produits qu'elles n'auraient pas réussi à écouler par voie classique [...] ou via le déstockage. C'est pour lutter contre cette pratique que la loi Agec interdit la destruction des invendus non-alimentaires. Les produits sans débouchés commerciaux devront désormais être donnés en priorité, ou réemployés (mis en vente en seconde main si une réparation mineure a été nécessaire par exemple), avant d'envisager le recyclage. Sont concernés les produits électriques et électroniques, les textiles (vêtements, chaussures...), les meubles, les cartouches d'encre, les produits d'hygiène et de puériculture, les équipements de conservation et de cuisson des aliments, les produits d'éveil et de loisirs, et les livres et fournitures scolaires.

Agathe Beaujon, www.challenges.fr, 11/01/2022.

1 Identifier les sources principales du droit national

DOC. 1 La Constitution et la Charte de l'environnement

La Constitution française, adoptée en 1958, est un texte composite comprenant notamment la Déclaration des droits de l'homme et du citoyen de 1789. C'est la loi fondamentale de l'État. Elle définit les droits et les libertés des citoyens, ainsi que l'organisation et la séparation des pouvoirs de l'État (législatif, exécutif, judiciaire). En ajoutant la Charte de l'environnement à la Constitution, en 2005, il s'est agi d'« inscrire une écologie humaniste au cœur de notre pacte républicain ».

DOC. 2 Les autres principales sources nationales de droit

		Contenu	Autorité créatrice	Exemple
Textes législatifs	Loi	Texte adopté dans le domaine que la Constitution réserve au Parlement (principales matières du droit). Texte qui pose une règle nationale de portée générale	Parlement (Assemblée nationale + Sénat)	Loi n° 2022-301 du 2 mars 2022 relative au choix du nom issu de la filiation, simplifiant le changement de nom de famille
	Ordonnance	Texte adopté dans le domaine de la loi par le gouvernement pour exécuter son programme. Texte autorisé et validé par le Parlement	Gouvernement (Premier ministre et ministres)	Ordonnance n° 2022-1292 du 5 octobre 2022 visant à réformer l'adoption
Règlements	Décret	Texte adopté le plus souvent en application d'une loi, ou parfois dans des domaines qui ne relèvent pas de la loi	Président de la République Premier ministre Ministre concerné	Décret n° 2022-1294 du 5 octobre 2022 portant modification de certaines dispositions du Code de l'environnement relatives aux règles d'extinction des publicités lumineuses et aux enseignes lumineuses
	Arrêté	Texte adopté au niveau national (arrêté ministériel) ou au niveau local (arrêtés préfectoral, municipal)	Ministre concerné Autorités administratives (maires, préfets…)	Arrêté municipal n° 2022-260 de la ville d'Uzès autorisant l'occupation du domaine public avenue des Cévennes pour tirage souterrain de la fibre

DOC. 3 Loi n° 2020-105 du 10 février 2020 relative à la lutte contre le gaspillage et à l'économie circulaire (loi Agec)

Les producteurs ou les détenteurs de déchets ne peuvent éliminer ou faire éliminer leurs déchets dans des installations de stockage ou d'incinération de déchets […] Les producteurs, importateurs, distributeurs ou autres metteurs sur le marché d'équipements électriques et électroniques communiquent […] aux vendeurs de leurs produits ainsi qu'à toute personne qui en fait la demande l'indice de réparabilité de ces équipements […]. Cet indice vise à informer le consommateur sur la capacité à réparer le produit concerné.

DOC. 4 Des emballages sous surveillance

Le ministère de la Transition écologique est intervenu par arrêté le 13 avril 2022 pour préciser que des huiles minérales comme la vaseline ou l'huile de paraffine sont désormais interdites, pour des emballages en papier et cartons recyclés de denrées alimentaires. En effet, les substances qu'elles contiennent perturbent le recyclage des déchets et présentent des risques pour la santé humaine.

Situation

La loi Agec du 10 février 2020 s'inscrit dans l'esprit de la Charte de l'environnement de 2004. Son objectif est de réduire de 15 % les déchets d'ici à 2030, notamment par l'interdiction de la destruction pure et simple des produits non alimentaires que les entreprises n'auraient pas réussi à écouler par la voie traditionnelle. D'autres textes, comme l'arrêté du 13 avril 2022, déterminent précisément certaines règles applicables aux emballages.

Pour certains, ces textes sont une aubaine : l'entreprise Destock and Co, dans le Gard, propose aux entreprises et aux particuliers de débarrasser leurs locaux des objets inutilisés pour revendre les produits ainsi collectés dans sa boutique, après recyclage si besoin.

1. Quelle est l'activité de Destock and Co ? — Situation
2. Quel texte, ajouté à la Constitution en 2005, a conduit à l'adoption de la loi Agec ? — Document 1
3. Pourquoi dit-on de la Constitution qu'elle est le texte suprême ? — Document 1
4. Quelle autorité a adopté la loi Agec entrée en vigueur le 1er janvier 2022 ? — Document 2
5. Quelle interdiction prévoit cette loi ? Qui concerne-t-elle ? — Document 3
6. Pourquoi cette loi constitue-t-elle une aubaine pour l'entreprise Destock and Co ? — Document 3
7. Quelle réglementation encadre l'utilisation d'huiles minérales pour l'emballage de denrées alimentaires ? Quelle autorité en est l'auteur ? — Document 4
8. À votre avis, pour quelle raison cette autorité a-t-elle publié ce texte ? — Document 4

Allez plus loin !

On ne peut pas dire n'importe quoi sur le web ! Le droit l'interdit…

Article : « Journée du 16 novembre : lutter contre les *fake news* et les théories complotistes » – francetvinfo.fr **liennathan.fr/97dn4g**

Le CSA (aujourd'hui remplacé par l'Arcom) est l'autorité publique française de régulation de l'audiovisuel. Cette régulation s'opère au service de la liberté d'expression dans l'intérêt du public et des professionnels. Elle repose sur le respect et la protection des droits et libertés individuels, la régulation économique et technologique du marché, la responsabilité sociale.

1. Rappeler ce qu'est une *fake news*.
2. Quelles sources de droit national ont pour objectif de lutter contre les *fake news* ?
3. Quelles obligations la loi de 2004 (LCEN) et la loi du 22 décembre 2018 proposent-elles de mettre à la charge des diffuseurs d'informations ?
4. Pourquoi, selon vous, une loi devait-elle réglementer les *fake news* ?

2 Identifier les sources complémentaires du droit national

DOC. 5 Le droit négocié

En droit du travail, certaines situations professionnelles sont régies par le droit négocié. Il s'agit d'un ensemble de textes – accords interprofessionnels, conventions collectives de branche, accords d'entreprise – négociés entre les **partenaires sociaux** (syndicats de salariés et organisations patronales), pour **adapter le Code du travail** de façon concrète. Il s'articule de la façon suivante :

Accord interprofessionnel	Convention collective	Accord d'entreprise
Conclu entre les partenaires sociaux des différentes branches d'activité, il traite un sujet particulier intéressant les salariés. La plupart du temps, sa portée est nationale. ***Exemple :*** accord national interprofessionnel « pour une mise en œuvre réussie du télétravail » conclu le 26 novembre 2020	Conclue entre les partenaires sociaux d'une même branche, ses dispositions couvrent l'ensemble des conditions de travail des salariés. Sa portée est le plus souvent nationale, parfois départementale ou régionale. ***Exemple :*** convention collective nationale des commerces de gros de l'habillement, de la mercerie, de la chaussure et du jouet du 11 avril 2022	Négocié et conclu au niveau de l'entreprise, il a pour but d'adapter les règles générales aux spécificités de l'entreprise. Depuis 2018, il prime sur les accords interprofessionnels et sur les conventions collectives. ***Exemple :*** accord collectif d'entreprise du 22 décembre 2021 sur l'égalité professionnelle des femmes et des hommes de Spie batignolles nord

DOC. 6 Accord d'entreprise Sephora SAS du 14 février 2022 (extrait)

Article 2.1 : Salaire minimum Sephora – La Direction de Sephora et les organisations syndicales représentatives CFDT, CFE-CGC, CFTC et CGT se sont réunies [...]. Au regard du contexte inflationniste ayant entraîné deux réévaluations du SMIC sur une courte période, il a été décidé de convenir d'un salaire minimum de + 40 € au-dessus du SMIC et ceci de façon pérenne. Ainsi dès lors que le SMIC sera réévalué, le salaire minimum Sephora sera également réévalué afin de maintenir l'écart de 40 € sur le mois concerné. Le salaire minimum Sephora est donc défini, à date, à 1 643,12 €. De plus, les parties conviennent d'appliquer ce salaire minimum à compter du 1er janvier 2022.

DOC. 7 Définition jurisprudentielle du temps de travail

Par décision en date du 23 novembre 2022, la Cour de cassation a confirmé la décision de la cour d'appel condamnant un employeur au paiement d'un rappel de salaire au titre des heures supplémentaires. Dans cette affaire, le salarié n'avait pas de lieu de travail habituel, et son employeur lui demandait d'intervenir avec un véhicule de la société dans le cadre d'un parcours de visites programmé sur un secteur géographique très étendu. Pendant les temps de trajet entre son domicile et ses premier et dernier clients, le salarié devait se tenir à la disposition de l'employeur et se conformer à ses directives, sans pouvoir vaquer à des occupations personnelles.

DOC. 8 La jurisprudence

La jurisprudence est constituée par les solutions apportées par les décisions de justice dans l'application du droit.
L'organisation pyramidale de la justice place la Cour de cassation au sommet. Elle juge de la bonne application du droit par les autres juridictions. Elle joue ainsi un rôle d'unification du droit. Lorsque le point de vue adopté par un tribunal ou par la Cour de cassation est systématiquement suivi par les autres juridictions, on dit alors que la décision concernée « fait jurisprudence ».

Situation

La loi anti-gaspillage en vigueur depuis le 1er janvier 2022 interdit aux marques la destruction de produits non-alimentaires. Pas question pour autant de céder aux sirènes des soldes pour les grandes marques de luxe. [...] Car dans le luxe, on ne solde pas. Les soldes, peuvent poser « un problème de désirabilité », selon Julie El Ghouzzi. « Dans le luxe, si un bien est moins cher, on a moins envie de l'acheter. » [...] Quand des invendus subsistent malgré tout, la vente à des prix avantageux au personnel est une solution : 150 000 employés chez LVMH, 38 000 chez Kering, 16 600 chez Hermès [...]

Frédéric Bianchi avec AFP, www.bfmtv.com, 1/02/2022.

9 À quelle nouvelle réglementation les entreprises du luxe doivent-elles faire face ? ▸ Situation

10 Quelle solution peuvent-elles adopter ? ▸ Document 5

11 Quels sont les différents accords collectifs qui encadrent la relation employeur-salarié ? ▸ Document 5

12 Quelle décision la cour d'appel a-t-elle rendu dans cette affaire ? Quelle instance a approuvé cette décision ? ▸ Document 7

13 À quelle condition pourra-t-on dire que la décision rendue par la Cour de cassation fera jurisprudence ? ▸ Document 8

Situation

À l'attaque d'un dernier trimestre stratégique pour l'entreprise Sephora, [...] les organisations syndicales de l'enseigne de parfums et de cosmétiques [...] viennent, en attendant les prochaines négociations annuelles obligatoires (NAO) prévues en février 2023, de signer un accord mettant en place « une mesure salariale exceptionnelle et spécifique » en faveur des employés et des agents de maîtrise.

Mathieu Bahuet, www.cfecgc.org, 4/10/2022.

14 Quelle est la nature de l'accord conclu le 14 février 2022 ? ▸ Document 6

15 Qui a négocié cet accord chez Sephora ? ▸ Document 6

16 Quelle nouvelle règle fixe l'accord conclu le 14 février 2022 ? ▸ Document 6

Allez plus loin !

Un accord pour simplifier

Vidéo : « Hubert Mongon (UIMM) : Métallurgie, un accord historique ! » – BFM Business
liennathan.fr/f84p2p

1 Quel texte a été signé entre les syndicats et le patronat de la métallurgie en France ?

2 À qui s'appliquera-t-il ?

3 Quels sont les différents éléments de la vie des salariés dans l'entreprise réglementés par ce texte ?

3 Distinguer les différentes institutions nationales

DOC. 9 Institutions nationales et séparation des pouvoirs

On appelle « institutions » l'ensemble des organismes régis par le droit structurant l'organisation de la vie en société par la création de règles. Pour éviter la concentration des pouvoirs aux mains d'une seule personne, ces institutions, définies par la Constitution de la Ve République, sont organisées selon le principe de la séparation des pouvoirs.

	Institutions	Rôles	Sources de droit
Pouvoir exécutif	**Président de la République**	Assure le fonctionnement des pouvoirs publics Préside le Conseil des ministres	Décret
	Premier ministre	Dirige l'action du gouvernement Assure l'exécution des lois	Décret Arrêté
	Gouvernement (ministres)	Détermine et conduit la politique de la nation Soumet des **projets de loi** au vote du Parlement	Ordonnance Décret Arrêté
Pouvoir législatif	**Parlement (Assemblée nationale + Sénat)**	Examine et vote les lois Soumet des **propositions de loi** au vote du Parlement	Lois
Pouvoir judiciaire	**Juridictions administratives**	Tranchent les litiges entre les citoyens et l'État	Jurisprudence (issue des décisions de justice)
	Juridictions judiciaires	Tranchent les litiges entre les personnes	

DOC. 10 La hiérarchie des normes

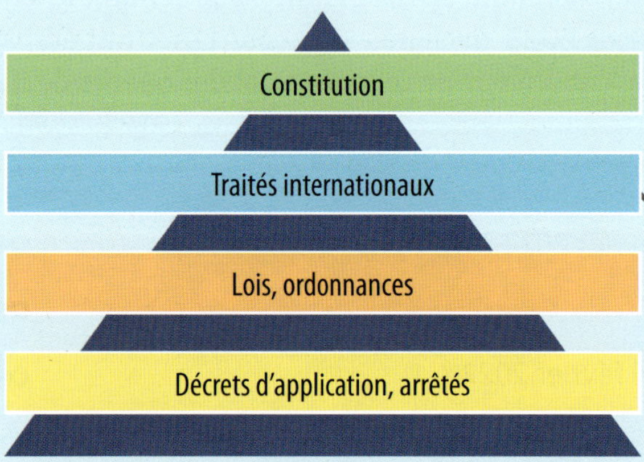

Pour éviter que les règles de droit provenant de sources différentes ne se contredisent, elles doivent obéir au principe hiérarchique qui implique qu'**une norme inférieure ne peut déroger à une norme supérieure**.

Les **traités** sont négociés entre plusieurs États dans différents domaines. Ils établissent des règles qui sont régies par le droit international.

DOC. 11 Le contrôle de constitutionnalité

Le contrôle de conformité des lois à la Constitution a pour objet de faire respecter la hiérarchie des normes, dont l'ordonnancement fonde le principe de légalité démocratique : la loi n'est pleinement légitime que si elle respecte les principes supérieurs posés par la Constitution et si elle a été adoptée selon une procédure régulière.

« Le contrôle de constitutionnalité des lois », www.senat.fr

À l'origine, le recours au Conseil constitutionnel était réservé aux plus hautes instances de l'État : président de la République, Premier ministre, présidents de l'Assemblée nationale et du Sénat, tout groupe de 60 députés ou sénateurs. Depuis une réforme du 23 juillet 2008, toute personne qui estime être jugée par un tribunal appliquant une loi non conforme à la Constitution a le droit de soulever une **question prioritaire de constitutionnalité**, pour saisir le Conseil constitutionnel.

Situation

Le ministre de la Transition écologique et solidaire [a] présenté le projet de loi relatif à la lutte contre le gaspillage et à l'économie circulaire le 10 juillet 2019 en conseil des ministres. [...] Après l'adoption en première lecture par le Sénat [...], le texte a été débattu et adopté en première lecture à l'Assemblée nationale [...]. À l'issue de la navette parlementaire, faute d'un accord commun entre les deux assemblées, une commission mixte paritaire a été convoquée et a débouché sur un accord intervenu le 8 janvier 2020. La loi relative à la lutte contre le gaspillage et à l'économie circulaire a été adoptée le 30 janvier 2020, avant d'être promulguée le 10 février 2020. Certaines dispositions de la loi [...] sont entrées en vigueur le 1er janvier 2022.

www.hatvp.fr, 15/09/2022.

17 Quelles institutions françaises sont intervenues dans l'adoption de la loi Agec ? Document 9

18 Quelle institution était à l'origine du texte ainsi débattu ? Document 9

19 Un maire pourrait-il autoriser les entreprises de sa commune à jeter leurs invendus dans une déchetterie municipale ? En application de quel principe ? Document 10

Situation

Contestant un décret d'application de la loi Agec, le syndicat Alliance plasturgie et composites du futur (Plastalliance) a déposé une question prioritaire de constitutionnalité. Le syndicat considère notamment que l'interdiction des emballages et conditionnements en plastique pour les fruits et les légumes aura des conséquences néfastes pour l'environnement, car cela favorisera le gaspillage alimentaire. Le Conseil d'État a considéré que les arguments d'inconstitutionnalité n'étaient pas sérieux.

20 Quel problème le syndicat Plastalliance a-t-il soulevé ? Document 11

21 Quelle institution est chargée de vérifier la conformité d'une norme avec la Constitution ? Quelle était la norme jugée inconstitutionnelle par Plastalliance ? Document 11

22 Quelle décision a été rendue ? Situation

Allez plus loin !

Préparez-vous au Grand Oral

Vers PIX D1.1

Distinguer les différentes institutions nationales

Prenez connaissance des articles 56 à 63 de la Constitution sur le site www.legifrance.gouv.fr.

En prenant appui sur vos connaissances et en vous aidant des informations du site www.vie-publique.fr/fiches/institutions-de-la-republique, vous présenterez dans un bref exposé :
- les compétences du Conseil constitutionnel ;
- les modalités de sa saisine ;
- son rôle dans la défense de l'État de droit.

4 Identifier les sources du droit et les institutions au niveau européen

DOC. 12 Les traités européens

Différents traités internationaux ont contribué à la construction de l'Union européenne. Ces textes se situent au sommet de la hiérarchie des textes de droit européens. Ils fixent les règles de fonctionnement de l'Union européenne, affirment les grands principes qui la gouvernent et servent de cadre à l'élaboration des textes de droit communautaire dérivé.
Parmi les principaux traités, on peut citer :
– le traité de Rome de 1957, qui a créé la CEE (union douanière) ;
– le traité de Maastricht de 1992, à l'origine de l'euro, et qui a instauré l'Union européenne telle que nous la connaissons aujourd'hui.

DOC. 13 Extrait du règlement européen du 30 mai 2022 – Protéger les données numériques dans l'Union

[...] La Commission a proposé de mettre en place des espaces européens communs de données spécifiques à certains domaines en vue du partage de données et de la mise en commun de données [...] pour couvrir des domaines tels que la santé, la mobilité, l'industrie manufacturière, les services financiers, l'énergie ou l'agriculture [...]. Les espaces européens communs de données devraient rendre les données traçables, accessibles, interopérables et réutilisables [...] tout en garantissant un niveau élevé de cybersécurité.

DOC. 14 Institutions européennes et répartition des pouvoirs

L'exercice des pouvoirs dans l'Union européenne

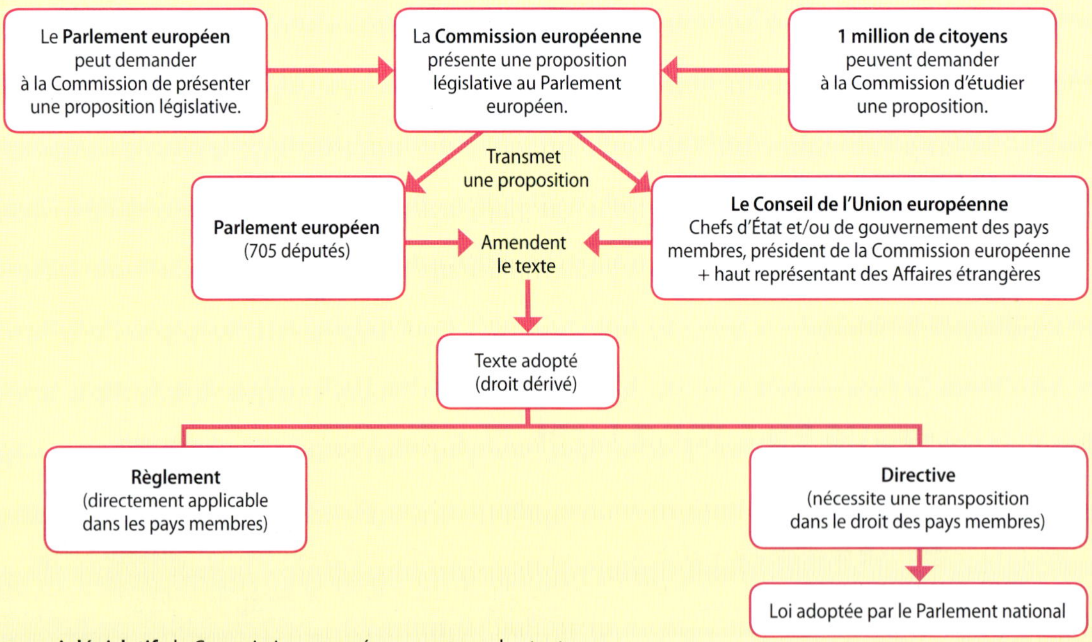

Le pouvoir législatif : la Commission européenne propose les textes et définit leur base juridique, mais c'est le Parlement européen et le Conseil de l'Union européenne qui les adoptent.
Le pouvoir exécutif : il est du ressort de la Commission européenne.
Le pouvoir judiciaire : il appartient à la Cour de justice de l'Union européenne (CJUE).

Situation

Ce lundi 10 octobre 2022, un cap important a été passé en faveur de la défense des abeilles. L'Initiative Citoyenne Européenne (ICE) baptisée « Save Bees and farmers » (Sauvons les abeilles et les agriculteurs) a été validée. Elle a passé officiellement le nombre de un million de signatures collectées, a indiqué la Commission européenne. Cela signifie qu'elle va devoir prendre position sur la suppression progressive de l'utilisation des pesticides d'ici à 2035. [...] Actuellement, on estime que 30 % des colonies d'abeilles meurent chaque année en France.

Florence Santrot, www.wedemain.fr, 11/10/2022.

23 Quels sont les principaux textes à l'origine de la création de l'Union européenne et de ses institutions actuelles ? ➤ Document 12

24 Pour quelles raisons plus d'un million de citoyens ont-ils signé une initiative citoyenne ? Quel est l'objectif de cette initiative ? ➤ Document 14

25 Quel sera le rôle de la Commission européenne ? Justifiez votre réponse. ➤ Document 14

26 Quel texte a été adopté le 30 mai 2022 ? Qui en est à l'origine ? Quelle est sa particularité ? ➤ Documents 13 et 14

Situation

Un travailleur devient inapte à occuper le poste auquel il a été affecté en raison de la survenance d'un handicap. Il fait alors l'objet d'un licenciement pour inaptitude. Il conteste cette décision en soutenant qu'il a été victime d'une discrimination fondée sur le handicap. La Cour de justice européenne, dans sa décision du 10 février 2022, dit qu'« un travailleur, qui, en raison de son handicap, a été déclaré inapte à exercer les fonctions essentielles du poste qu'il occupe, doit être affecté à un autre poste pour lequel il dispose des compétences, des capacités et des disponibilités requises, sous réserve qu'une telle mesure n'impose pas à l'employeur une charge disproportionnée ».

27 Quel était l'objectif poursuivi par le travailleur recruté en saisissant la Cour de justice de l'Union européenne ? ➤ Situation

28 Quelle décision la Cour a-t-elle rendue ? Quel pouvoir cette Cour exerce-t-elle au sein de l'Union ? ➤ Document 14

Allez plus loin !

Protéger les citoyens sur Internet

Vidéo et Article : « Le Parlement européen met de l'ordre dans le "Far West" de l'Internet » – Euronews liennathan.fr/g3n33a

1 Quelle institution européenne a adopté deux textes importants pour la protection des citoyens européens sur Internet ?

2 Dans l'exercice de quel pouvoir cette institution intervient-elle dans l'Union européenne ?

3 Quelle est la nature du texte adopté ?

4 Quelle différence existe-t-il entre le texte adopté et une directive ?

Applications

QUIZ
liennathan.fr/3xe4n2

1 Maîtriser le vocabulaire lié aux sources du droit

Indiquez les mots issus du vocabulaire juridique correspondant aux définitions ci-dessous.

Horizontalement

1. Adoptée par le Parlement.
2. Nécessite une transposition dans le droit des pays membres.
3. Définit les droits et les libertés des citoyens, ainsi que l'organisation et la séparation de pouvoirs de l'État

Verticalement

4. Négocié dans l'entreprise avec les partenaires sociaux.
5. Premier jet d'une loi à l'initiative d'un parlementaire.
6. Peut être adopté par le Premier ministre.

2 Identifier la source d'une règle de droit

La loi [du 2 mars 2022 visant à combattre le harcèlement scolaire] crée un délit de harcèlement scolaire qui pourra être puni jusqu'à 10 ans de prison en cas de suicide ou tentative de suicide de la victime. Elle améliore également le droit à une scolarité sans harcèlement. Le harcèlement scolaire, amplifié par les réseaux sociaux, toucherait près d'un élève sur dix chaque année. [...] Afin de mieux lutter contre le cyberharcèlement sur les réseaux sociaux, les parlementaires ont autorisé la saisie et la confiscation des téléphones portables et des ordinateurs qui ont été utilisés pour harceler un élève ou un étudiant. [...]

www.vie-publique.fr, 3/03/2022.

Un certain nombre de décrets doivent être publiés pour préciser les modalités d'application de cette loi.

1. Quel texte crée un délit de harcèlement scolaire ?
2. Quelle institution a adopté ce texte ?
3. Quelles autres sources du droit sont nécessaires à la mise en œuvre de ce texte ?
4. À votre avis, pour quelles raisons des textes d'adaptation sont-ils nécessaires ?
5. À votre avis, quelles sont les limites à l'application de cette loi ?

3 Distinguer les différentes institutions

Retrouvez l'autorité à l'origine de chacun des textes (docs 1 à 4) en choisissant parmi les propositions suivantes :

Parlement européen – Ministre – Maire – Parlement national

DOC. 1 Loi du 16 août 2022 sur l'utilisation des titres-restaurant

[…] les titres-restaurant peuvent être utilisés pour acquitter en tout ou en partie le prix de tout produit alimentaire, qu'il soit ou non directement consommable, acheté auprès d'une personne ou d'un organisme mentionné au deuxième alinéa de l'article L. 3262-3 [du Code du travail].

DOC. 2 Arrêté municipal de la ville de Vestric-et-Candiac (Gard) du 15 juin 2022 relatif aux risques d'incendie

En raison de la sécheresse et du risque important d'incendie, l'usage de barbecue est interdit sur la parcelle communale AY 208 « étang de Vestric » jusqu'au 30 octobre 2022.

DOC. 3 Décret du 23 septembre 2022 relatif à l'aide apportée aux entreprises en raison de la guerre en Ukraine

Dans le cadre de la crise liée à la guerre en Ukraine, une aide a été mise en place pour les entreprises grandes consommatrices d'énergie. Le décret vise à prolonger la date de dépôt des demandes d'aide au titre de la période éligible […]

DOC. 4 Directive (UE) 2022/431 du 9 mars 2022 renforçant la protection des travailleurs face à l'exposition à certains risques

La directive (UE) du 9 mars 2022 prévoit l'obligation de surveillance médicale des travailleurs pour le plomb si les seuils d'exposition au plomb sont dépassés.

4 Identifier les sources complémentaires du droit national

Dans un accord publié au *Journal officiel* le 10 mars 2022, les partenaires sociaux ont convenu d'étendre l'avenant n° 29 modifiant le contenu de la convention collective des hôtels, cafés, restaurants du 30 avril 1997. Une nouvelle grille de salaire est entrée en application le 1er août 2022. L'objectif est de rendre cette grille obligatoire pour toutes les entreprises et tous les salariés du secteur.

1. De quelle source de droit complémentaire est-il question dans le texte ci-dessus ?
2. Qui en sont les signataires ?
3. Quel est son objectif ?
4. Une entreprise de l'hôtellerie-restauration pourrait-elle décider de majorer de 15 % les heures supplémentaires effectuées par ses salariés ? Justifiez votre réponse.

5 Identifier les sources du droit et les institutions au niveau européen

★★

Certificat COVID numérique de l'UE : valable jusqu'en juin 2023

Le 13 juin 2022, le Conseil et le Parlement européen sont convenus de **proroger le règlement** établissant le certificat COVID numérique de l'UE. Le Conseil a adopté ce règlement le 28 juin 2022.

Le règlement actuel vient à expiration le 30 juin 2022. Grâce à cette prorogation, le certificat sera prolongé d'un an, jusqu'au **30 juin 2023**.

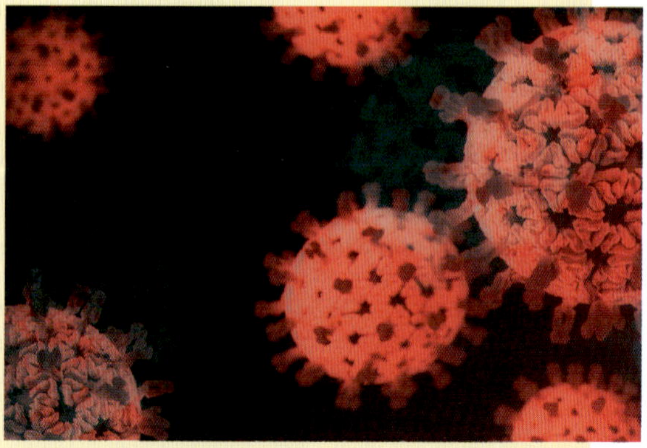

Les voyageurs pourront ainsi continuer à utiliser leur certificat COVID numérique de l'UE pour leurs déplacements dans l'Union, dans les pays où ces certificats de voyage sont encore requis. Toutefois, le règlement n'impose pas l'utilisation de tels certificats aux États membres.

www.consilium.europa.eu

1. Citez les institutions européennes dont il est question dans cet article.
2. Rappelez leur rôle dans la création de sources de droit au niveau européen.
3. Quel texte de droit européen prolonge la durée de validité du certificat COVID numérique de l'Union européenne ?
4. Quelle est la particularité de ce texte de droit dérivé ?

6 Identifier les particularités des directives européennes

★★

1. De quelle institution est-il question dans le texte ?
2. Pour quelles raisons la Commission européenne est-elle intervenue auprès de certains États membres ?
3. Quel acte législatif est à l'origine de la procédure d'infraction contre les États membres ?
4. Quelle est la particularité de cet acte ?
5. Quelle institution française est chargée de la transposition de ce texte dans la législation française ?

DOC. Une procédure pour infractions de certains pays membres de l'Union européenne

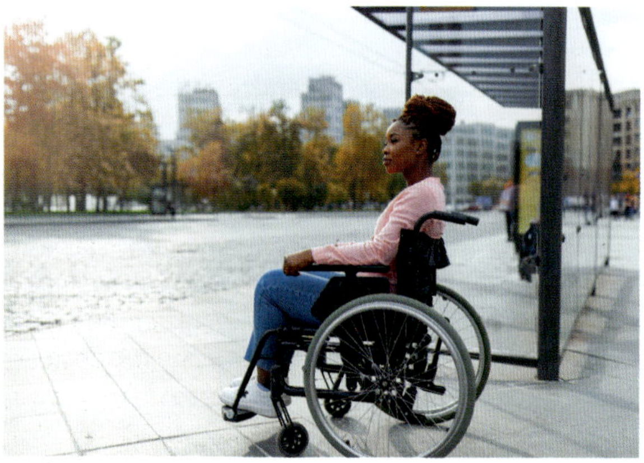

La Commission [européenne] adopte aujourd'hui [20 juillet 2022] un ensemble de décisions en matière d'infractions [pour non] communication par les États membres des mesures prises pour transposer certaines directives de l'UE en droit national [...] L'acte législatif européen sur l'accessibilité exige que certains produits et services, tels que les transports publics, les services bancaires et les magasins en ligne, soient accessibles aux personnes handicapées, qui représentent près de 87 millions de citoyens européens. [...] Les entreprises qui vendent des produits et des services relevant de la directive devront veiller à ce que ceux-ci respectent un ensemble d'exigences communes à l'UE en matière d'accessibilité pour le 28 juin 2025 au plus tard.

france.representation.ec.europa.eu, 20/07/2022.

7 Distinguer les différentes sources des règles de droit

Identifiez la source des règles applicables aux situations ci-dessous parmi les propositions suivantes :

ⓐ Constitution – ⓑ Décret – ⓒ Convention collective – ⓓ Loi

1. Les conditions de travail des salariés coiffeurs lors de l'utilisation des produits de coloration
2. Le droit des salariés à participer à la grève générale du 5 février 2019 pour la défense du pouvoir d'achat
3. La nomination du recteur de l'académie d'Aix-Marseille
4. L'interdiction des pesticides sur l'ensemble du territoire national

8 Se préparer au bac — Identifier la ou les règles juridiques applicables

Pour cette application, vous pouvez vous aider de la fiche méthode 3.

À l'approche de la mobilisation des anti-bassines des 29-30 octobre 2022, la préfecture des Deux-Sèvres a pris plusieurs arrêtés, notamment pour interdire toute manifestation dans un périmètre autour de Sainte-Soline. [...] Toute manifestation et attroupement est interdit le week-end du 29 et 30 octobre dans une zone autour de Sainte-Soline dans les Deux-Sèvres. [Cette décision a été prise par la] préfecture alors qu'une importante mobilisation est attendue **contre le projet de construction de réserves pour l'irrigation agricole**, sur le slogan « pas une bassine de plus ». [...] La préfecture justifie [les mesures prises] « compte tenu des violences et destructions constatées lors des dernières actions des mêmes collectifs et afin d'éviter tout risque de trouble à l'ordre public ». Ces interdictions prennent effet du samedi 29 octobre à partir de 7 heures jusqu'au lundi 31 octobre à 7 heures. [...]

Noémie Guillotin, www.francebleu.fr, 26/10/2022.

Certains citoyens considèrent que ces arrêtés portent atteinte à la liberté d'expression, insérée dans la Constitution.

1. Quel texte certains citoyens du département des Deux-Sèvres contestent-ils ?
2. Quelle liberté fondamentale mettent-ils en avant ? En application de quel texte ?
3. À quelle limite l'exercice de cette liberté se heurte-t-il ?
4. Quelle est la règle applicable dans cette situation ?

DOC. 1 Déclaration des droits de l'homme et du citoyen de 1789 (extrait)

Art. 10. Nul ne doit être inquiété pour ses opinions, même religieuses, pourvu que leur manifestation ne trouble pas l'ordre public établi par la Loi.

DOC. 2 Convention européenne des Droits de l'homme (extrait)

Art. 9. La liberté de manifester sa religion ou ses convictions ne peut faire l'objet d'autres restrictions que celles qui, prévues par la loi, constituent des mesures nécessaires, dans une société démocratique, à la sécurité publique, à la protection de l'ordre, de la santé ou de la morale publiques, ou à la protection des droits et libertés d'autrui.

Art. 11. Toute personne a droit à la liberté de réunion pacifique et à la liberté d'association [...].

DOC. 3 Une exigence prévue par les textes

Selon un texte législatif du 23 octobre 1935, pour pouvoir exercer son droit de manifester, il faut faire une déclaration préalable : « Sont soumis à l'obligation d'une déclaration préalable, tous cortèges, défilés et rassemblements de personnes et d'une façon générale toutes les manifestations sur la voie publique. [...] Si l'autorité investie du pouvoir de police estime que la manifestation projetée est de nature à troubler l'ordre public, elle l'interdit par un arrêté [...]. »

Synthèse

SYNTHÈSE AUDIO
liennathan.fr/c4sp75

Les sources du droit

Les différentes sources de droit

- Nationales → Constitution, lois, ordonnances, règlements (décrets, arrêtés)
- Européennes → Traités européens + droit dérivé (règlements, directives)
- Internationales → Traités

Les sources de droit sont organisées selon une pyramide qui institue la **hiérarchie des normes** : une norme inférieure ne peut contredire une norme supérieure.

Le pouvoir exécutif

- **Institutions nationales :** chef de l'État et gouvernement →
  - Adoptent des **ordonnances**, des **décrets**, des **arrêtés**
  - Présentent des projets de loi au Parlement
- **Institution européenne :** Commission européenne → Présente des projets de règlement ou de directive

Le pouvoir législatif

- **Institution nationale :** Parlement (Assemblée nationale + Sénat) →
  - Adopte les **lois**
  - Initie des propositions de loi
- **Institutions européennes :** Parlement européen + Conseil de l'Union européenne → Adoptent des **règlements**, des **directives**

Le pouvoir judiciaire

- **Institutions nationales :** Ensemble des juridictions françaises
- **Institution européenne :** Cour de justice de l'Union européenne

→ Interprètent les règles de droit (**jurisprudence**)

Rédigez votre synthèse personnelle à l'aide des mots-clés suivants :

- Constitution
- Texte suprême
- Lois
- Décrets
- Ordonnances
- Arrêtés
- Sources de droit complémentaires
- Jurisprudence
- Droit négocié
- Accords collectifs
- Hiérarchie des normes
- Contrôle de constitutionnalité
- Institutions européennes
- Droit européen
- Directives
- Règlements

Entraînement au bac

Comment le droit naît-il ?

Capacités

- Vérifier les caractères de la règle pour une règle de droit donnée
- Identifier la source d'une règle de droit
- Distinguer les différentes institutions

À l'aide de vos connaissances et des ressources documentaires en annexes, analysez les situations juridiques ci-dessous et répondez aux questions.

Situation

Des questions peuvent légitimement se poser à tout citoyen curieux de comprendre le processus de naissance des règles de droit.

En France, le gouvernement, désigné par le président de la République après les élections présidentielles et législatives, peut compter à l'Assemblée nationale sur une majorité relative de députés qui lui sont favorables, alors que le parti du président est minoritaire au Sénat. Désireux d'engager une politique économique et sociale comportant des réformes assez importantes, le gouvernement souhaite faire voter des textes dans les meilleures conditions.

Dans l'Union européenne, une directive concernant le droit d'auteur a été adoptée récemment.

1. Développez l'argumentation juridique faisant ressortir les risques liés à la procédure législative ordinaire pour le gouvernement.
2. Qualifiez la procédure permettant au gouvernement de gagner du temps dans l'élaboration de nouvelles règles de droit.
3. Précisez les conditions d'application de la directive européenne aux auteurs français. Justifiez. Différenciez ces conditions d'application de celles qui s'appliquent aux règlements européens.

Situation

M. Vogart, informaticien, vient de signer un contrat de travail dans une entreprise de vente en ligne. Il s'interroge sur les règles de droit qui s'appliqueront à la détermination de ses congés payés. Il a eu connaissance, au moment de son embauche, de l'existence, d'une part, d'une convention collective applicable à son métier, d'autre part, d'un accord d'entreprise relatif à la durée du travail et aux congés.

1. Exposez l'argumentation juridique permettant à M. Vogart de connaître ses droits en matière de congés payés.
2. L'accord d'entreprise lui semble moins favorable que la convention collective en ce qui concerne la détermination des dates de congé. Justifiez en droit cette situation.

Entraînement au bac

ANNEXE 1 Constitution française du 4 octobre 1958

Article 38 (extrait)
Le gouvernement peut, pour l'exécution de son programme, demander au Parlement l'autorisation de prendre par ordonnances, pendant un délai limité, des mesures qui sont normalement du domaine de la loi.
Les ordonnances sont prises en Conseil des ministres après avis du Conseil d'État. Elles entrent en vigueur dès leur publication, mais deviennent caduques si le projet de loi de ratification [loi d'approbation de l'ordonnance par le Parlement] n'est pas déposé devant le Parlement.

ANNEXE 2 Constitution française du 4 octobre 1958

Article 45 (extrait)
Tout projet ou proposition de loi est examiné successivement dans les deux assemblées du Parlement en vue de l'adoption d'un texte identique. [...]
Lorsque, par suite d'un désaccord entre les deux assemblées, un projet ou une proposition de loi n'a pu être adopté après deux lectures par chaque assemblée ou, si le gouvernement a décidé d'engager la procédure accélérée [...], après une seule lecture par chacune d'entre elles, le Premier ministre ou, pour une proposition de loi, les présidents des deux assemblées agissant conjointement, ont la faculté de provoquer la réunion d'une commission mixte paritaire chargée de proposer un texte sur les dispositions restant en discussion.
Le texte élaboré par la commission mixte peut être soumis par le gouvernement pour approbation aux deux assemblées. Aucun amendement n'est recevable sauf accord du gouvernement.
Si la commission mixte ne parvient pas à l'adoption d'un texte commun ou si ce texte n'est pas adopté dans les conditions prévues à l'alinéa précédent, le gouvernement peut, après une nouvelle lecture par l'Assemblée nationale et par le Sénat, demander à l'Assemblée nationale de statuer définitivement.

ANNEXE 3 L'Europe trouve un accord sur la directive « droit d'auteur »

C'est une défaite majeure pour les géants du numérique, soutenus par les défenseurs d'un « Internet libre », une victoire pour les créateurs de contenus. Mercredi soir [13 février 2019], les institutions communautaires – Parlement européen, Conseil des ministres où siègent les États membres et Commission – sont parvenues [...] à un compromis sur la directive réformant le droit d'auteur dans l'Union en discussion depuis vingt-six mois. [...]
L'intense bataille de lobbying s'est largement concentrée sur deux articles. D'une part, le 11 qui instaure un « droit voisin » au bénéfice des entreprises de presse, ce qui contraindra les grandes plateformes, style Google Actualités, à rémunérer les médias dont elles affichent des extraits d'articles ou de vidéos sur leurs services. D'autre part, le 13 qui va contraindre Google, YouTube ou encore Facebook à négocier des accords avec les titulaires de droits moins défavorables que ceux qui existent actuellement.

Jean Quatremer, « L'Europe trouve un accord sur la directive "droit d'auteur" », www.liberation.fr, 14 février 2019.

ANNEXE 4 Droit du travail : nouvelle hiérarchie des normes

Avant la loi Travail de 2016 et les ordonnances de septembre 2017, le Code du travail reposait sur un principe simple. La loi fixait des règles générales qui garantissaient des droits minimaux aux salariés. La convention collective pouvait fixer des règles différentes, à condition qu'elles soient plus favorables aux salariés. De même, l'accord d'entreprise pouvait lui aussi fixer des règles différentes si et uniquement si elles amélioraient la protection du salarié. [...] Désormais, l'entreprise ou l'établissement est le lieu privilégié de la négociation collective, où s'élaborent les règles régissant les rapports entre les salariés et l'employeur. Schématiquement et en principe, l'accord d'entreprise prime donc désormais sur l'accord de branche, qui prime lui-même sur la loi. Mais cette hiérarchie des normes comporte plusieurs exceptions [...] pour lesquelles l'accord de branche prime sur l'accord d'entreprise, même si ce dernier a été conclu avant la promulgation de l'ordonnance. Ce bloc [...] concerne les salaires minima, les classifications, la protection sociale complémentaire, certaines mesures liées à la durée du travail, au CDD, etc.

Éric Roig (dir.), « Accord d'entreprise, accord de branche et hiérarchie des normes », droit-finances.commentcamarche.com, avril 2019.

Le litige et la preuve 3

Capacités

- Identifier les éléments d'un litige : parties, faits, prétentions, question de droit
- Déterminer au moyen d'une argumentation si le litige est causé par un acte ou un fait juridique afin d'envisager un mode de preuve adapté
- Apprécier la force probante d'un élément de preuve dans une situation donnée

Vers PIX

D4.2. - Protéger les données personnelles et la vie privée

Avant la classe

Vidéo : « Cadeau à payer, vente forcée ! » – SPF Économie
liennathan.fr/2eiv33

- **Quelle est la situation présentée dans cette vidéo ?**
- **Que faire dans ce genre de situation ?**

Situation

LE GROUPE CANAL+ CONDAMNÉ POUR VENTE FORCÉE

Le groupe Canal+ a été condamné à une amende allant de 3 à 5 millions d'euros [le montant exact n'a pas été rendu public] par le tribunal judiciaire de Nanterre (Hauts-de-Seine) pour la « vente forcée » d'une nouvelle offre visant plus de 400 000 abonnés, a annoncé [...] le parquet de Nanterre. [...] Les faits remontent à décembre 2017. Le groupe Canal+ informe alors ses abonnés ne bénéficiant pas de l'abonnement CanalSat qu'ils peuvent bénéficier de cette nouvelle offre moyennant le paiement de deux ou cinq euros. Dans la foulée, Canal+ avise ses abonnés qu'ils doivent se manifester pour refuser l'offre. Pour le tribunal, « cette pratique commerciale consistant à placer les clients dans l'obligation de refuser une offre pour ne pas avoir à payer le montant correspondant à celle-ci, constitue le délit de vente sans commande préalable, ce que la société Canal+ a reconnu ». [...].

AFP, 10/07/2020.

1 Identifier les éléments d'un litige

DOC. 1 Qu'est-ce qu'un litige ?

Définition juridique : un litige désigne « un différend entre deux ou plusieurs personnes, les uns contestant aux autres d'être titulaires d'un droit à l'exercice duquel ils prétendent ». Autrement dit, c'est un désaccord entre deux ou plusieurs personnes (physiques ou morales) concernant l'exercice d'un droit [...].

« Qu'est-ce qu'un litige ? », www.litige.fr / DemanderJustice

DOC. 2 Comment analyser un litige ?

Un litige est composé de plusieurs éléments :

- **les faits :** ils doivent être clairs et précis (dates, identification des personnes impliquées, récit de ce qu'il s'est passé) ;
- **les parties :** ce sont les personnes engagées dans le procès ;
- **les moyens de droit :** ce sont la ou les règles de droit que les parties utilisent pour appuyer leurs prétentions ;
- **les prétentions :** c'est l'objet de la demande et de la défense en réponse. Il s'agit de ce que réclament le demandeur et le défendeur. Le juge ne peut pas se prononcer sur ce qui n'a pas été demandé. Il peut s'agir de dommages et intérêts, de remise en état... ;
- **le problème juridique :** c'est la question de droit que se pose le juge et à laquelle il doit apporter une réponse juridique.

DOC. 3 Qui sont les parties à un litige ?

Le « **demandeur** » est la personne physique ou morale qui a pris l'initiative d'engager une procédure judiciaire en vue de faire reconnaître un droit. Son adversaire est le « **défendeur** ».

DOC. 4 Qu'est-ce que la résolution amiable ?

Résolution du litige : vouloir régler un litige, c'est d'abord essayer de se concilier avec l'adversaire, c'est-à-dire essayer de trouver un terrain d'entente, un compromis entre les parties. En effet, il vaut toujours mieux une conciliation qu'un procès qui peut être long et coûteux. Si le litige ne peut pas être réglé à l'amiable, il sera alors soumis à un tribunal pour être tranché. Pour cela, la partie qui agit (le demandeur) devra, dans un certain délai, saisir la juridiction compétente.

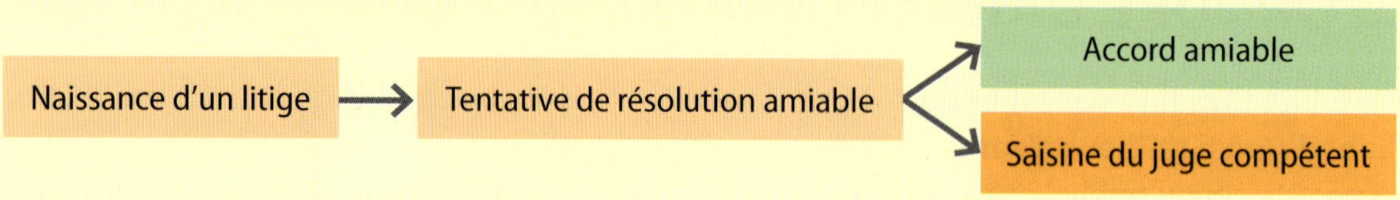

Votre litige peut être réglé par une procédure de conciliation : le conciliateur de justice aura pour mission de proposer une solution à votre litige.

- Vous pouvez, avant tout recours à un juge, demander à un conciliateur de justice de vous rencontrer afin de trouver une solution amiable à votre litige.
- Le juge, saisi de votre litige, peut procéder lui-même à la conciliation ou déléguer à un conciliateur de justice le soin de mener celle-ci. Avant de trancher le litige, le juge se doit en principe de chercher à concilier les parties (article 21 du Code de procédure civile).

www.justice.fr, 15/11/2022.

Situation

Comme cela s'était déjà produit en 2018, ce matin, peu après 8 h, Canal+ a coupé le signal des chaînes du groupe TF1 (TF1, TMC, TFX, TF1 Séries Films et LCI) [faute d'avoir conclu un nouvel accord de distribution avec TF1]. Le groupe crypté a argué de la fin de l'actuel contrat de distribution, effective le 31 août [2022], pour justifier sa décision, tout en dénonçant dans un communiqué « le versement d'une rémunération très conséquente » réclamée par TF1.
De son côté, le groupe présidé par Gilles Pélisson a pris acte dans un autre communiqué du choix de Canal+ de « priver ses abonnés des chaînes et des services qu'ils payent dans leur abonnement ». [...]

Christophe Gazzano, www.ozap.com, 2/09/2022.

La hache de guerre est enterrée : à quelques jours du Mondial de football, TF1 et Canal+ ont annoncé vendredi soir [4 novembre 2022] avoir signé un « nouvel accord de distribution » [...] qui renouvelle « sur le long terme » la distribution de toutes les chaînes du groupe TF1 [...].

www.lesechos.fr, 5/11/2022.

1. Cette affaire était-elle un litige ? Pourquoi ? Document 1
2. Quels étaient les faits ? Qualifiez-les juridiquement. Document 2
3. Qui étaient les parties à ce litige (demandeur/défendeur) ? Documents 2 et 3
4. Pourquoi le groupe Canal+ refusait-il de diffuser les chaînes du groupe TF1 ? Document 2
5. Quel est l'intérêt, pour les deux groupes, de s'être conciliés dans cette affaire ? Situation
6. Pourquoi la résolution amiable d'un litige est-elle toujours préférable ? Document 4

Allez plus loin !

Un accord vaut toujours mieux qu'un procès

Vidéo : « Méditation, conciliation, justice... comment résoudre les petits litiges du quotidien » – Samedi à tout prix liennathan.fr/j84rh2

1. Quel est le rôle de la conciliation ?
2. Qu'a permis la conciliation dans les deux affaires ?
3. Quelle différence faites-vous entre le rôle du juge et celui d'un conciliateur ?

2 Déterminer si le litige est causé par un acte ou par un fait juridique

DOC. 5 L'objet de la preuve

Par principe, les parties n'ont pas à prouver l'existence, le contenu ou la portée des règles juridiques qu'elles invoquent pour appuyer leurs prétentions. L'adage selon lequel nul n'est censé ignorer la loi signifie aussi que chacun la connaît et qu'il n'est nul besoin de la prouver aux autres [...]. C'est au juge de dire le droit et non aux parties.

« La preuve du droit », droit.savoir.fr

Il incombe aux parties d'établir en justice les faits nécessaires au succès de leurs prétentions. Il incombe également aux parties d'établir soit le fait juridique, soit l'acte juridique qui est à l'origine de leurs prétentions.

DOC. 6 Que faut-il prouver : un acte ou un fait juridique ?

Répondre à la question « Que faut-il prouver ? », c'est déterminer l'objet de la preuve. Celui-ci peut être un fait ou un acte juridique.

Un **fait juridique** est tout événement, volontaire ou non, qui produit des effets juridiques sans que les intéressés les aient volontairement recherchés (un ouragan, un accident...).

Un **acte juridique** a pour origine la volonté d'une ou de plusieurs personnes de créer, transmettre, modifier ou éteindre un droit ou une obligation. Cet acte a donc pour objectif de produire des effets juridiques (un contrat, un testament...).

DOC. 7 Comment prouver ? La preuve selon l'origine du litige

En fonction de l'origine du litige, le droit prévoit le recours à différents modes de preuve.

La règle Le Code civil, dans son article 1358, indique que les faits comme les actes juridiques peuvent être prouvés, en principe, par tous moyens.		**Les modes de preuve**
La preuve des faits juridiques	La règle s'applique sans exception.	• Témoignage • Présomption
La preuve des actes juridiques	La règle s'applique pour les actes dont la valeur ne dépasse pas 1 500 €.	
	Exception : si l'acte porte sur une somme dépassant 1 500 €, une preuve écrite (ou un aveu devant un tribunal) est exigée.	• Écrit • Aveu judiciaire
	Exception à l'exception : s'il s'agit d'un acte de commerce ou si l'absence d'écrit est excusable (écrit perdu par force majeure, écrit matériellement ou moralement impossible).	• Témoignage • Présomption

DOC. 8 Arrêt de la Cour de cassation du 12 juin 2019 (extraits)

Attendu que pour condamner la SCI à payer à la SARL la somme de 20 332 euros outre intérêts, l'arrêt retient que le contenu de deux attestations [...] constitu[ait] un faisceau d'indices [...] ;

Qu'en statuant ainsi, alors que l'établissement d'un contrat relatif à des obligations d'une valeur supérieure à 1 500 euros est, s'agissant d'un acte civil pour l'une des parties, soumis au régime de la preuve littérale, et sans constater l'existence d'un écrit [...] émanant de la SCI, la cour d'appel a violé le texte susvisé ; PAR CES MOTIFS [...] CASSE ET ANNULE [...].

Situation

Le CSA intervient dans le litige entre Canal+ et Le Pacte concernant le film *Pinocchio* diffusé sur Prime Video.

Le Pacte a décidé de vendre les droits du film *Pinocchio* à Amazon pour sa plateforme Prime Video suite à la crise sanitaire, alors même que la société avait conclu un accord avec la chaîne cryptée. La période de confinement a vu la fermeture des lieux culturels dont les cinémas. Certains films ont été repoussés avant leur sortie et décalés de plusieurs mois mais tous n'ont pas eu la possibilité de le faire. La société de production Le Pacte avait alors décidé de revendre les droits de diffusion du film au géant américain. Mais la société avait signé un contrat de prévente avec Canal+, comme c'est souvent le cas dans le milieu.

alloforfait.fr, 09/06/2020.

7 La diffusion litigieuse du film *Pinocchio* constituait-elle un fait ou un acte juridique ? Justifiez. ➜ Documents 5 et 6

8 Que rappelle la Cour de cassation dans son arrêt du 12 juin 2019 ? ➜ Document 8

9 D'après vous, pourquoi les actes juridiques doivent-ils être prouvés en principe par un écrit ? ➜ Documents 5, 6 et 7

Situation

Le 10 mai 2022, vers 15 h 30, les locaux de Canal Plus d'Issy-les-Moulineaux (Hauts-de-Seine) ont été frappés par un incendie qui a nécessité l'intervention d'environ cinquante sapeurs-pompiers. Il s'agissait d'éviter que l'ensemble de l'immeuble de huit étages soit détruit par les flammes.

10 L'incendie qui a touché les locaux du groupe constituait-il un acte ou un fait juridique ? ➜ Documents 5 et 6

11 Dans quel but doit-on le prouver à l'assureur ? ➜ Documents 5 et 6

12 Pourquoi, selon vous, la preuve des faits juridiques peut-elle être apportée par tous moyens ? ➜ Document 7

Allez plus loin !

Le droit à l'image, cela se respecte !

Article : « L'enseignante agressée en pleine classe a porté plainte, trois lycéens en garde à vue » – Sud Ouest liennathan.fr/u683ey ➜ Vers PIX 4.2

1 Qualifiez juridiquement les faits.

2 Pourquoi, selon vous, ceux qui ont filmé sont également en garde à vue ? En plus de l'agression physique, quel droit extrapatrimonial a été violé ?

3 Apprécier la force probante d'un élément de preuve

DOC. 9 La charge de la preuve

Article 1353 du Code civil

Celui qui réclame l'exécution d'une obligation doit la prouver. Réciproquement, celui qui se prétend libéré doit justifier le paiement ou le fait qui a produit l'extinction de son obligation.

Article 9 du Code de procédure civile

Il incombe à chaque partie de prouver conformément à la loi les faits nécessaires au succès de sa prétention.

DOC. 10 Les preuves parfaites

Les preuves écrites sont celles qui lient le juge et s'imposent à lui, sans qu'il ait un pouvoir d'appréciation. À côté de l'aveu judiciaire, il existe deux types de **preuves parfaites écrites** :

- **l'acte authentique :** rédigé soit par un notaire, soit par un huissier de justice. C'est un écrit dont la contestation relève d'une procédure complexe. Dans certains cas, l'acte authentique est obligatoire, comme pour la vente d'un immeuble, une donation, un contrat de mariage ;
- **l'acte sous seing privé :** écrit par une personne privée. Son origine comme son contenu peuvent être contestés par une preuve contraire.

Depuis la loi du 13 mars 2000, l'écrit sur support électronique a la même force probante (donc la même valeur de preuve devant un tribunal) que l'écrit sur papier traditionnel.

DOC. 11 Les preuves imparfaites

Les preuves non écrites (ou imparfaites) sont constituées, notamment, par les témoignages et les présomptions. Les preuves imparfaites laissent au juge la liberté de les apprécier et de les interpréter.

Les témoignages

Ce sont les déclarations, écrites ou orales, qui émanent de tiers, non parties au procès, concernant des faits dont ils ont eu personnellement connaissance.

Les présomptions judiciaires

Ce sont les déductions qu'un juge tire de faits connus pour établir des faits inconnus. Il ne peut retenir que des présomptions graves, précises et concordantes pour forger sa conviction. Ex. : la longueur des traces de freinage (indice, fait connu) pour démontrer la vitesse excessive (fait inconnu) d'un véhicule.

Vidéo : « La notion de preuve en droit (les témoignages) » – L'Autonome de Solidarité Laïque
liennathan.fr/664sch

DOC. 12 L'intime conviction du juge

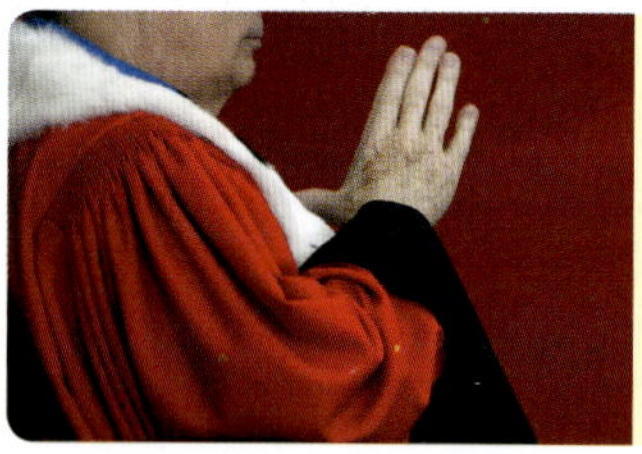

Il appartient [...] au juge de forger sa conviction en son âme et conscience, à partir des éléments qui lui ont été soumis. En d'autres termes, les preuves parfaites relèvent d'un système de preuve légale, tandis que les preuves imparfaites se rattachent au principe de l'intime conviction.

Thierry Le Bars, *La Réforme du droit des contrats*, Gualino, 2016, p. 413.

DOC. 13 Le rôle des présomptions légales

Dans trois types de situations, **le demandeur est dispensé d'apporter la preuve de ses affirmations**, qui sont considérées par défaut comme établies. On parle alors de **présomptions légales**.

- Les **présomptions irréfragables** : elles interdisent au défendeur de prouver le contraire.
- Les **présomptions simples** : le défendeur est autorisé à prouver que la prétention du demandeur (et la présomption légale) est inexacte.
- Les **présomptions mixtes** : le défendeur ne peut les combattre que par les moyens prévus par la loi.

Situation

[Le 21 janvier 2020], le tribunal de commerce de Paris a statué sur l'affaire qui oppose Thierry Ardisson à Canal+ depuis plusieurs mois. L'animateur et producteur avait choisi d'attaquer le groupe suite à l'arrêt de ses deux émissions hebdomadaires [*Salut les Terriens !* et *Les Terriens du dimanche*] diffusées sur C8. Le tribunal de commerce de Paris a pointé du doigt « une rupture brutale des relations commerciales », et a donc condamné Canal+ à verser 811 500 euros à Ardi SAS (la société de l'animateur) [...].

Aurélien Gaucher, www.programme-television.org, 23/01/2020.

13 Sur qui pèse la charge de la preuve dans ce conflit ? Pourquoi ? Document 9

14 Selon vous, le contrat liant Thierry Ardisson au groupe Canal+ concernant la diffusion de ses programmes était-il sous seing privé ou authentique ? Quel est l'intérêt de recourir à ce type d'écrit ? Document 10

15 Pourquoi les preuves écrites sont-elles qualifiées de « parfaites » ? Document 10

Situation

Daphné Roulier a dévoilé [...] au *Monde* le harcèlement sexuel qu'elle a connu au sein du groupe Canal+, dont elle a été l'animatrice phare de 1997 à 2019. « J'ai été amenée à vivre certaines choses. » La journaliste [...] raconte ainsi avoir été « coincée dans un couloir » par une « vedette du petit écran » dont elle ne donne pas le nom.

Margot Ruyter, Émilie Poyard, www.elle.fr, 22/01/2020.

16 Pourquoi, dans ce genre d'affaire, le juge peut-il demander des témoignages ? Documents 11 et 12

17 Dans les exemples suivants, dites si la règle de droit est posée par une présomption irréfragable, une présomption simple ou une présomption mixte. Document 13

a. Selon l'article 312 du Code civil, l'enfant d'un couple marié est présumé être le fils du mari, mais il n'est pas interdit à celui-ci d'engager une action en désaveu de paternité.

b. Selon l'article L.1242-12 du Code du travail, un contrat de travail non écrit est un CDI, la loi ne permettant pas à l'employeur d'établir la preuve contraire.

c. Selon l'article 1402 du Code civil, les biens des époux mariés sans contrat sont présumés communs, mais si un époux revendique la propriété exclusive d'un bien, le juge pourra prendre en considération tout écrit (documents de banque, factures…).

Allez plus loin !

Une capture d'écran, cela peut toujours servir !

Vidéo : « Le constat par commissaire de justice » – Commissaires de justice
liennathan.fr/93v6mp

1 Dans quelles circonstances peut-on être amené à faire faire un constat par un commissaire de justice ?

2 Comment ce constat est-il réalisé concrètement ?

3 Quel est l'intérêt de ce constat en cas de litige par un tribunal ?

Applications

QUIZ
liennathan.fr/382ivt

1 Maîtriser le vocabulaire juridique

Associez chaque terme juridique à sa définition.

- a Présomption
- b Acte juridique
- c Preuve parfaite
- d Fait juridique
- e Intime conviction

1. Évènement volontaire ou non qui va produire des effets juridiques
2. Méthode par laquelle le juge forge sa conviction en son âme et conscience
3. Situation où le demandeur peut être dispensé d'apporter la preuve de ses affirmations dans des cas prévus par la loi
4. Acte des parties ayant la volonté de créer, transmettre, modifier ou éteindre un droit ou une obligation
5. Preuve qui s'impose au juge sans qu'il ait un pouvoir d'appréciation

2 Régler un conflit avant qu'il ne devienne un litige

1. Quel est le rôle du site Internet litige.fr ?
2. Pourquoi Mathilde est-elle en conflit avec son opérateur de téléphonie mobile (voir **vidéo**) ?
3. De quel type de litige s'agit-il ?
4. Par quelle procédure le litige entre Mathilde et l'opérateur a-t-il été résolu ?
5. Quelles sont les conditions à respecter pour utiliser ce type de procédure ?

Vidéo : « Litige.fr » – *C'est au programme*, France 2
liennathan.fr/6wm73e

DOC. Réglez tous vos litiges du quotidien

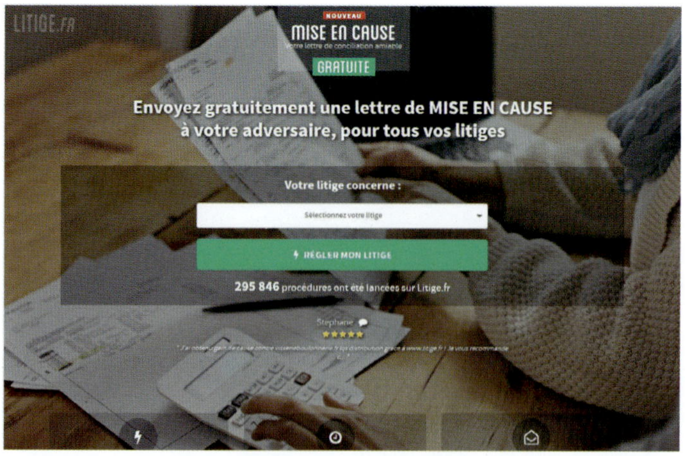

Consommation, logement, vie professionnelle, voyage, assurance, télécoms… Nous proposons chaque jour – en plus d'une information juridique adaptée au consommateur – la possibilité d'engager gratuitement une première tentative de conciliation amiable avec votre adversaire en cas de litige : la lettre de mise en cause. Sans besoin de l'imprimer, ni de la poster, cette lettre amiable est envoyée par nos soins à votre adversaire afin de le rappeler à ses obligations, d'un simple clic. […] Notre expérience démontre que bien souvent, un simple coup de pression juridique suffit à désamorcer une situation de litige, sans qu'il soit besoin d'engager d'importants frais juridiques. Pour qu'aucune pratique abusive ne reste sans réponse, nous offrons aux consommateurs, aux particuliers, des armes juridiques généralement réservées aux professionnels et aux grands groupes.

« Qui sommes-nous ? », www.litige.fr / DemanderJustice

3 Identifier les éléments d'un litige

Vos données personnelles sur les réseaux sociaux ou sur les plateformes musicales sont-elles des marchandises ? Si Apple commercialise les données de ses utilisateurs, alors ces derniers deviennent des consommateurs et le droit de la consommation doit s'appliquer. Une clause sera considérée comme abusive quand elle crée un profond déséquilibre entre les obligations des parties, ici donc au détriment des consommateurs.

1. Quelles sont les parties en présence ?
2. Qui est le demandeur ? Qui est le défendeur ?
3. Quelles sont les prétentions de l'UFC-Que Choisir ?
4. Sur quels moyens de droit s'appuient-elles ?
5. Quel problème juridique était soumis aux juges ?
6. Quelle solution ce litige a-t-il reçue ?

DOC. 1 Apple condamné

En décembre 2019, le tribunal de grande instance de Paris [aujourd'hui, tribunal judiciaire] examinait une assignation visant Apple, déposée par l'UFC-Que Choisir en 2016 visant des clauses du service Apple Music. L'association se félicite aujourd'hui d'avoir fait condamner l'entreprise à « 20 000 € en réparation du préjudice occasionné à l'intérêt collectif des consommateurs et 10 000 € pour les frais de justice ». Elle ajoute que « le jugement [...] reconnaît qu'Apple va trop loin sur plusieurs points qui concernent sa responsabilité en cas d'inexécution du contrat, de résiliation de l'accès au service ou encore à propos de la sécurité des données des utilisateurs [et] a également jugé illicites ou abusives plusieurs clauses concernant leurs données personnelles » (l'utilisateur ne pouvait pas exercer son droit d'opposition concernant l'exploitation de ses données personnelles).

David Legrand, www.nextinpact.com, 12/06/2020.

DOC. 2 Article L. 212-1 du Code de la consommation (extrait)

Dans les contrats conclus entre professionnels et consommateurs, sont abusives les clauses qui ont pour objet ou pour effet de créer, au détriment du consommateur, un déséquilibre significatif entre les droits et obligations des parties au contrat.

4 Déterminer l'objet de la preuve

Mme Prune, veuve, est décédée sans enfant le 5 juin 2022. Sa nièce, Mlle Sabat, est en possession d'une lettre datée de 2020 dans laquelle la défunte l'avisait qu'elle avait rédigé un testament lui attribuant sa maison et les sommes qu'elle détiendrait à la banque le jour de son décès. Ce document avait été déposé chez son notaire.

Mlle Sabat apprend du notaire qu'en septembre 2021, Mme Prune lui avait confié un nouveau testament annulant celui de 2020 et désignant comme légataire de tous ses biens M. Briard, un ami rencontré depuis peu.

Mlle Sabat se rappelle que, depuis deux ans, sa tante avait eu de fréquents troubles psychologiques et avait même consulté des médecins qui lui avaient conseillé, en vain, une hospitalisation en service de soins psychiatriques. Elle pense agir en justice pour faire annuler le second testament.

1. Quel est le litige dans la situation présentée ci-dessus ?
2. Qu'est-ce que Mlle Sabat doit prouver ? Un acte juridique ? Un fait juridique ?
3. Sur quels modes de preuve peut-elle s'appuyer ?

5 Identifier l'objet de la preuve et apprécier la force probante d'un SMS

★★

1. Quelles sont les conditions de validité de la preuve par écrit électronique ?
2. Ces conditions sont-elles remplies par un SMS ?
3. En quoi le SMS peut-il être utile en matière de preuve ?

DOC. 1 Un SMS n'a pas la même valeur probante qu'un écrit signé électroniquement

Par un arrêt du 12 décembre 2019 [...], la Cour d'appel d'Aix-en-Provence a rappelé que :
L'écrit sous forme électronique est admis comme preuve au même titre que l'écrit sur support papier, sous réserve que puisse être dûment identifiée la personne dont il émane et qu'il soit établi et conservé dans des conditions de nature à en garantir l'intégrité (Article 1366 du Code civil) ; [...]
Lorsqu'elle est électronique, [la signature] consiste en l'usage d'un procédé fiable d'identification garantissant son lien avec l'acte auquel elle s'attache, que la fiabilité de ce procédé est présumée, jusqu'à preuve contraire, lorsque la signature électronique est créée, l'identité du signataire assurée et l'intégrité de l'acte garantie, dans des conditions fixées par décret en Conseil d'État (Article 1367 alinéa 2 du Code civil).
Elle a fort logiquement conclu s'agissant de SMS échangés entre les parties que :
Ils ne comportaient pas de signature électronique [...].
En d'autres termes, la Cour d'appel rappelle qu'un SMS ne saurait valoir juridiquement plus qu'un commencement de preuve par écrit (Article 1362 du Code civil).

Nicolas Herzog, www.nicolas-herzog.net, 4/04/2020.

DOC. 2 Article 1362 du Code civil

Constitue un commencement de preuve par écrit tout acte qui émane de celui contre lequel la demande est formée et qui rend vraisemblable le fait allégué. [...]

6 Apprécier la force probante de l'écrit électronique

★★

Le 27 juin 2013, par un échange de courriels, l'AS Saint-Etienne missionne un agent sportif pour réaliser le transfert d'un footballeur dans une équipe allemande de Dortmund. Il est prévu le paiement d'une commission à l'agent en cas de succès de l'opération. L'agent obtient une proposition du club allemand, qu'il transmet à l'AS Saint-Etienne. Celle-ci conclut le transfert hors la présence de l'agent sportif, qui estime que la commission lui est due au titre du mandat.

Il assigne donc le club en paiement de sa commission ainsi que de dommages-intérêts. Le problème juridique est de savoir si le mandat, conclu par courriels, était valable ou non.

1. Un contrat d'agent doit-il obligatoirement être écrit ?
2. Peut-il être établi sous forme électronique ?
3. Quelles sont les conditions à respecter ?
4. Le défaut de signature entraîne-t-il nécessairement la nullité du contrat ? Pourquoi ?

DOC. Cour de cassation, 1re chambre civile, arrêt du 7 octobre 2020 (extrait)

Vu les articles L. 222-17 du Code du sport, 1108-1 du Code civil, 1316-1 et 1316-4 du même Code, devenus les articles 1366 et 1367 [...]
Selon le premier de ces textes, le contrat en exécution duquel l'agent sportif exerce (son) l'activité [...] est écrit.
Aux termes du deuxième, lorsqu'un écrit est exigé pour la validité d'un acte juridique, il peut être établi et conservé sous forme électronique [...].
Selon le troisième, l'écrit sous forme électronique vaut preuve à la condition que son auteur puisse être dûment identifié et qu'il soit établi et conservé dans des conditions de nature à en garantir l'intégrité.
Selon le quatrième, la signature [...], lorsqu'elle est électronique, [...] consiste en l'usage d'un procédé fiable d'identification garantissant son lien avec l'acte auquel elle s'attache.
Il en résulte que, si le contrat en vertu duquel l'agent sportif exerce son activité peut être établi sous la forme électronique, il doit alors être revêtu d'une signature électronique.
Cependant, si celle-ci constitue l'une des conditions de validité du contrat, son absence, [...] peut être couverte par une exécution volontaire du contrat [...]
En statuant ainsi, [...], la cour d'appel a violé les textes susvisés.
PAR CES MOTIFS, [...] CASSE ET ANNULE [...].

7 Se préparer au bac — Indiquer la ou les solutions juridiques possibles et rédiger la réponse

Pour cette application, vous pouvez vous aider de la fiche méthode 5.

Un agent de surveillance a été filmé, sur le site d'un client de son employeur, en train de fracturer la porte d'un casier au sous-sol réservé au stationnement. Le client de la société en a informé son prestataire après visionnage des caméras de surveillance.
Le salarié a été mis à pied à titre conservatoire puis licencié pour faute grave par son employeur. Le salarié a toutefois contesté son licenciement, faisant notamment valoir que dès lors qu'il n'avait pas été informé de la présence de caméras de surveillance, l'enregistrement vidéo ne lui était pas opposable.

Caroline Froger-Michon, avocat associé, et Madeleine Bénistan, avocat, CMS Francis Lefèbvre Avocats, 24/02/2020.

1. Qualifiez juridiquement les faits à l'origine de cette affaire.
2. Quel est l'objet de la preuve rapportée par l'employeur ? Quel mode de preuve peut-on utiliser, en principe, dans cette situation ?
3. Les faits reprochés au salarié ont-ils été établis ? Quelle sanction logique l'employeur pensait-il pouvoir appliquer ?
4. Pour quelles raisons le salarié peut-il contester son licenciement ?
5. En quoi cette affaire montre-t-elle que les moyens de preuve admis en justice doivent être des moyens licites ?
6. Selon vous, pourquoi la Cour de cassation impose-t-elle que la vidéosurveillance respecte la vie privée du salarié et que son usage soit proportionné au but poursuivi ?

DOC. 1 Article 9 du Code de procédure civile

Il incombe à chaque partie de prouver conformément à la loi les faits nécessaires au succès de sa prétention.

DOC. 2 Arrêt de la Cour de cassation, chambre sociale, 23 juin 2021 (extrait)

L'employeur fait grief à l'arrêt de le condamner à payer au salarié des sommes à titre d'indemnité compensatrice de préavis et congés payés afférents, d'indemnité de licenciement, de rappels de salaire et congés payés afférents et dommages-intérêts pour licenciement abusif, alors :
[...] qu'est justifiée par la nature de la tâche à accomplir et proportionnée au but recherché l'atteinte portée à la vie privée d'un salarié par le placement sous vidéosurveillance de la cuisine du restaurant où il travaille, afin de s'assurer de l'absence de réitération par ce dernier de manquements aux règles d'hygiène et de sécurité, dans un but de sécurité des personnes et des biens, peu important qu'il soit le seul salarié à travailler dans la cuisine ; qu'en jugeant, pour dire inopposable au salarié le mode de preuve constitué par les enregistrements provenant du dispositif de vidéosurveillance mis en place, que M. [Y] étant le seul salarié à travailler dans la cuisine de l'établissement, l'installation d'une caméra dans ce lieu portait atteinte au droit au respect de sa vie privée, ce qui était disproportionné au but poursuivi, la cour d'appel a violé les [textes susvisés].

DOC. 3 Licencier un salarié pour faute

Un enregistrement de l'activité des salariés réalisé au moyen d'un dispositif de vidéosurveillance installé dans les locaux de travail constitue un moyen de preuve licite, dès lors que les représentants du personnel ont été préalablement consultés et que les salariés ont été préalablement informés [...].
Et ce, quand bien même les caméras auraient initialement été mises en place pour répondre à un impératif de sécurité (prévention des risques d'intrusion de personnes étrangères à l'entreprise, des risques de vol, etc.) et que le contrôle de l'activité du personnel ne soit pas leur fonction première. [...]
Inversement, toute preuve obtenue au moyen d'un dispositif de surveillance ne remplissant pas les conditions cumulatives précitées est considérée comme illicite, privant ainsi le licenciement de toute cause réelle et sérieuse, quand bien même les informations recueillies par la vidéosurveillance seraient accablantes.

P. Forzinetti, « Une vidéosurveillance illicite ne peut servir de preuve à la faute grave ! », www.juritravail.com, © juritravail tous droits réservés.

Synthèse

SYNTHÈSE AUDIO
liennathan.fr/4jra23

Le litige et la preuve

Les éléments d'un litige → Les faits, les parties, leurs prétentions, les moyens de droit

Le règlement d'un litige → Tentative de règlement amiable
- En cas d'accord : **accord amiable**
- En cas d'échec : **recours au juge** → **Preuve indispensable**

L'objet de la preuve et le mode de preuve qui en découle
- **Un acte juridique :** contrat, testament → Preuve **écrite ou assimilée**, sauf exceptions
- **Un fait juridique :** événement naturel, accident → Preuve **par tous moyens**

La charge de la preuve
- Le demandeur prouve ses prétentions.
- Le défendeur peut apporter la preuve contraire.

Exception des **présomptions légales**

La force probante des éléments de preuve
- **Preuves parfaites :** elles s'imposent au juge. →
  - Aveu judiciaire
  - Écrits : actes authentiques ou sous seing privé, sur support papier ou électronique
- **Preuves imparfaites :** elles laissent le juge libre de les apprécier en fonction de son **intime conviction**. →
  - Témoignages
  - Présomptions judiciaires

Rédigez votre synthèse personnelle à l'aide des mots-clés suivants :
- Litige
- Demandeur, défendeur
- Prétentions
- Accord amiable
- Acte et fait juridiques
- Présomption
- Charge et mode de preuve
- Preuve électronique
- Acte authentique et sous signature privée
- Témoignage, aveu
- Intime conviction du juge

Le recours au juge

4

Capacités
- Déterminer la juridiction qui a prononcé une décision de justice
- Sélectionner la juridiction susceptible de juger un litige
- Distinguer le rôle du procès civil et du procès pénal
- Expliquer les enjeux de la constitution de partie civile
- Identifier les phases d'un procès

Avant la classe

Vidéo : « Une fraude au permis de conduire très people » – *Le Point* liennathan.fr/3a6k8q

▶ **Quel est le point de départ de cette affaire ?**

Situation

JET SET ET PROCÉDURES

Brigitte Macron contre Closer

En août 2019, le journal people *Closer* avait révélé l'hospitalisation, le 17 juillet, de la Première Dame à l'hôpital américain de Neuilly (Hauts-de-Seine). Pour l'intéressée, la révélation de sa décision de recourir à la chirurgie esthétique constituait une atteinte à sa vie privée, qui méritait d'être sanctionnée.

Le mari de la chanteuse Amel Bent impliqué dans un trafic de permis de conduire

Patrick Antonelli [le mari d'Amel Bent], ancien gérant d'une auto-école, est accusé d'avoir aidé de riches clients à obtenir des permis de conduire sans même avoir passé les épreuves en échange de sommes d'argent pouvant atteindre 10 000, voire 12 000 euros. [...] Plusieurs personnalités françaises, connues du grand public, auraient pris part à cette escroquerie, informe le journal *20 minutes*. À commencer par l'animateur de France Inter et France 5, Ali Baddou. [...] Plusieurs footballeurs, parmi lesquels le joueur du PSG, Layvin Kurzawa, et Jérémy Ménez auraient également fraudé.

Ingrid Bernard, www.gala.fr, 18/06/2020.

1 Sélectionner la juridiction susceptible de juger un litige

DOC. 1 Les différentes juridictions du 1er degré

Les différents tribunaux sont des **juridictions** dites du **1er degré** si elles jugent un litige pour une première fois.

❶ **Les juridictions de l'ordre judiciaire** se classent en deux catégories, correspondant à leur rôle dans le règlement des conflits :
- les **juridictions de droit privé** (juridictions civiles ou spécialisées) jugent les litiges entre les personnes privées : particuliers et entreprises ;
- les **juridictions de droit pénal** (ou répressives) prononcent les peines contre les auteurs d'infractions.

❷ **Les juridictions de l'ordre administratif** interviennent dans les litiges mettant en cause l'Administration (État, collectivités territoriales, etc.), qui peut être en conflit avec des citoyens ou avec des entreprises.

DOC. 2 La compétence d'attribution des juridictions de droit privé du 1er degré

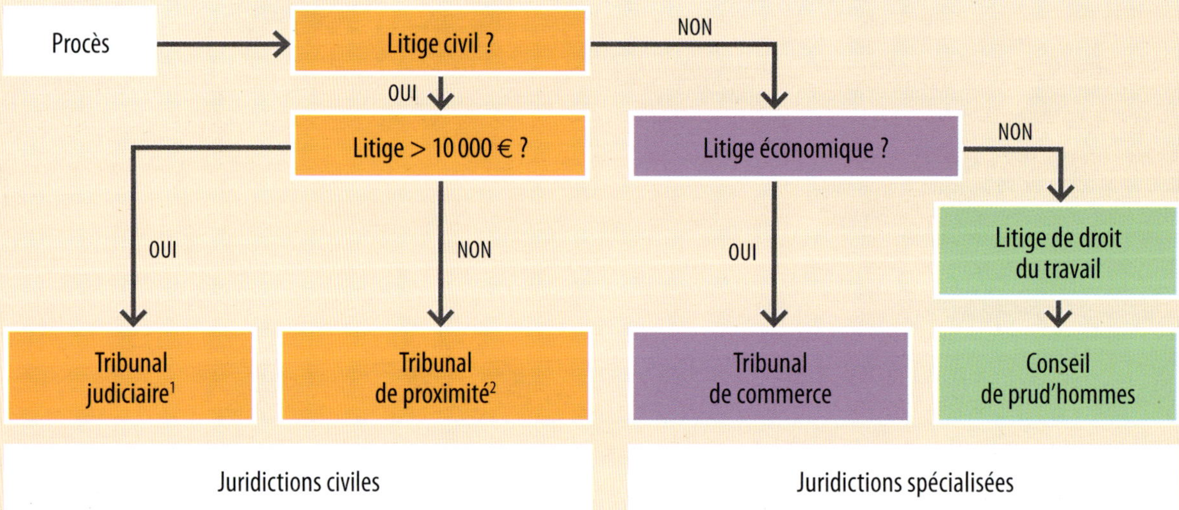

1. Anciens tribunaux de grande instance et d'instance + Compétences spécifiques : divorces, litiges immobiliers, sur successions, etc.
2. Juge délégué du tribunal judiciaire + Compétence en matière de baux d'habitation, de droit de la consommation, de surendettement, etc.

DOC. 3 La compétence d'attribution des juridictions de droit pénal

Contraventions	Délits	Crimes
Ex. : la plupart des infractions routières, pollution, tapage nocturne	*Ex. :* vol, abus de confiance, escroquerie, homicide involontaire	*Ex. :* meurtre, assassinat, viol, séquestration avec torture
↓	↓	↓
Tribunal de police	Tribunal correctionnel	Cour criminelle ou cour d'assises[1]

1. Pour juger les crimes punis de plus de 20 ans de prison.

Situation

Brigitte Macron a fait condamner *Closer* pour atteinte à la vie privée. Le magazine people avait révélé l'hospitalisation de la Première Dame pour une opération de chirurgie esthétique, en août 2019. [...] Le jugement [du tribunal judiciaire de Nanterre] a été rendu le 27 janvier [2021].

Aziz Zemouri, www.lepoint.fr, 29/01/2021.

1 Le litige entre Brigitte Macron et le magazine *Closer* est-il un conflit entre personnes, la poursuite d'une infraction ou un litige avec l'Administration ? Document 1

2 Justifiez l'attribution de cette affaire au tribunal judiciaire. Document 2

3 Dans quel but les différents litiges de droit privé sont-ils jugés par des juridictions spécifiques ? Document 2

4 Quelle est la juridiction compétente pour juger les affaires suivantes ? Document 2

a. Un salarié s'estime licencié à tort ; **b.** Un agriculteur revendique une parcelle de terrain ; **c.** La victime d'un accident réclame 20 000 € d'indemnité ; **d.** Un contribuable conteste en justice son impôt sur le revenu ; **e.** Un commerçant est poursuivi par son banquier.

Situation

Le 12 juin 2020 a débuté au tribunal correctionnel de Nanterre le procès du mari d'Amel Bent et de cinq autres prévenus. Patrick Antonelli risque dix ans de prison pour « corruption active » et une amende pouvant atteindre un million d'euros. Les fonctionnaires, de par leur statut, encourent également jusqu'à dix ans de prison pour « corruption passive ».

www.20minutes.fr, 18/06/2020.

5 L'affaire des faux permis de conduire constitue-t-elle un litige de droit privé, de droit administratif ou de droit pénal ? Document 1

6 Classez les infractions poursuivies par les juridictions répressives selon leur gravité. Document 3

7 Pourquoi, selon vous, l'homicide involontaire est-il un délit et non pas un crime ? Document 3

Allez plus loin !

Victoire des anciens salariés de Goodyear d'Amiens

Article : « Victoire des ex-Goodyear d'Amiens aux prud'hommes : la fermeture était injustifiée, ils seront indemnisés » – France 3 liennathan.fr/ve968i

1 Quelle est la nature du litige évoqué ici ?

2 Quelle est la juridiction compétente pour juger ce litige ?

3 Quel est le fondement de la réclamation des anciens salariés de Goodyear-Amiens ?

4 Quelle décision les ex-salariés ont-ils obtenue du tribunal ?

2 Distinguer le rôle du procès civil et du procès pénal

DOC. 4 Le principe du procès équitable

4 RÈGLES AU SERVICE D'UN PRINCIPE FONDAMENTAL

1. **La neutralité des juges** (toute personne a le droit d'être jugée par un juge indépendant et impartial)
+ 2. **Le principe du contradictoire** (chaque partie a la possibilité de faire valoir son point de vue)
+ 3. **La publicité des débats** (en principe, ouverture au public des salles d'audience des tribunaux)
+ 4. **Les droits de la défense** (l'absence d'une partie à un procès, dûment convoquée, lui ouvre la possibilité d'un recours contre la décision rendue)

= **PROCÈS ÉQUITABLE**

DOC. 5 Une application du principe du droit au procès équitable

Dans le cadre d'une procédure pénale, l'expression « *droits de la défense* » désigne l'ensemble des droits reconnus aux personnes poursuivies ou soupçonnées d'une infraction […]. Ces droits sont notamment le droit au **respect de la présomption d'innocence [toute personne poursuivie pour une infraction est réputée innocente tant que sa culpabilité n'a pas été légalement démontrée]**, le droit à un avocat dès le début de la procédure, le droit à un procès dans le cadre de débats contradictoires, le droit d'exercer des recours…

« Le droit à un procès équitable », www.justice.gouv.fr.

DOC. 6 Identifier le rôle du procès civil

Le procès devant les juridictions de droit privé (procès « civil ») vise à régler un litige entre des personnes privées (personnes physiques ou personnes morales), que ce litige trouve sa source dans un dommage subi, dans l'inexécution d'un contrat, dans une cause familiale, etc. La finalité de ce type de procès est donc soit de réparer un dommage (après un accident par exemple), soit de sanctionner la violation d'un contrat (dans le cas du salarié licencié à tort par exemple), soit d'annuler un contrat (pour défaut d'une condition de validité par exemple), soit de régler un différend familial (en cas de divorce ou de contestation de succession par exemple), soit de faire remettre des choses en l'état (comme en cas d'élévation d'un mur sans droit), etc.

DOC. 7 Identifier le rôle du procès pénal

Le procès pénal a pour but de sanctionner les atteintes à l'ordre public résultant des infractions, et par là même de jouer également un rôle de prévention par la dissuasion.

Contraventions	Délits	Crimes
Amende jusqu'à 1 500 €, peine privative de droit (suspension de permis)	Emprisonnement (maximum 10 ans), peine alternative (travaux d'intérêt général), amende d'au moins 3 750 €	Réclusion criminelle « à temps » ou à perpétuité, ferme ou avec sursis, amende d'au moins 3 750 €

DOC. 8 Les enjeux de la constitution de partie civile

La constitution de partie civile – de la part de la victime – vise à obtenir une sanction civile, c'est-à-dire la réparation du préjudice subi du fait de l'infraction (préjudice corporel, matériel ou moral). Cette démarche enrichit le rôle de la procédure pénale, puisqu'elle permet d'associer, à la peine infligée à l'auteur de l'infraction (prison, amende, etc.), la condamnation à indemniser les personnes qui ont été victimes de ses agissements.

Situation

Pour le principe, Brigitte Macron voulait un procès. Son avocat avait demandé un dédommagement de 35 000 euros. Le magazine *Closer* a été condamné à payer 8 000 euros de dommages et intérêts à Brigitte Macron. Cette décison de justice rappelle le principe du droit à la vie privée, essentiel pour les personnalités de premier plan. C'est une satisfaction pour la demanderesse, au-delà de l'aspect financier.

8 Selon vous, quelles sont les règles de notre système judiciaire qui ont permis à Brigitte Macron de faire confiance à la justice ? ➜ Document 4

9 Expliquez en quoi la présomption d'innocence illustre le droit au procès équitable en droit pénal. ➜ Document 5

10 Précisez quel type de jugement fait suite aux cas suivants (choisissez le numéro dans la liste) : ➜ Document 6

a. Réclamation d'un salarié licencié sans cause réelle et sérieuse ; **b.** Déclaration d'altération des facultés mentales d'un majeur ; **c.** Retard de livraison et manque à gagner commercial ; **d.** Acte de concurrence déloyale ; **e.** Revendication de la propriété d'un terrain.

Liste des jugements : **1.** condamnation à dommages et intérêts ; **2.** saisie d'un bien pour restitution ; **3.** obligation de cesser un comportement ; **4.** mise sous tutelle.

Situation

Les instigateurs de la vaste escroquerie au permis de conduire, dont avaient bénéficié des célébrités [le journaliste Ali Baddou, les footballeurs Jérémy Menez et Layvin Kurzawa, entre autres] entre 2013 et 2015, ont été condamnés [en 1re instance] à des peines de trois et quatre ans de prison assorties de deux ans de sursis, ce mercredi [8 juillet 2020] par le tribunal correctionnel de Nanterre (Hauts-de-Seine). Patrick Antonelli, ancien gérant d'auto-école, a été condamné à quatre ans de prison dont deux avec sursis [...] ainsi qu'à 100 000 euros d'amende.

Faustine Mauerhan, www.francebleu.fr, 08/07/2020.

11 Comment jugez-vous la sanction pénale infligée à Patrick Antonelli au regard des peines encourues ? Comment cela peut-il s'expliquer ? ➜ Document 7

12 Pourquoi le procès des faux permis de conduire n'a-t-il pas donné lieu à constitution de partie civile ? ➜ Documents 7 et 8

13 Distinguez les finalités du dépôt de plainte de celles de la constitution de partie civile. ➜ Document 8

Allez plus loin !

Réforme de la justice des mineurs

Article et vidéo : « Code de la justice pénale des mineurs : entrée en vigueur le 30 septembre 2021 » – vie-publique.fr liennathan.fr/3v26tu

1 Quels sont les objectifs principaux de la réforme de la justice des mineurs ?

2 Sur quels grands principes repose la justice pénale des mineurs ?

3 Comment la spécificité du droit pénal appliqué aux mineurs est-elle mise en œuvre ?

3 Identifier les phases d'un procès

DOC. 9 Identifier les étapes du procès civil au tribunal judiciaire (TJ)

Les suites d'un surendettement

Yann Lucat a des difficultés financières. Il ne paye plus le remboursement de son prêt immobilier. Après plusieurs relances, la banque l'**assigne** devant le TJ.

C'est l'acte d'huissier qui informe le défendeur de l'action en justice.

Le président fixe au mois suivant la **date de l'audition** des parties.

C'est l'enrôlement, qui suit la saisine du tribunal.

L'avocat de la banque et celui de Yann Lucat ayant échangé leurs conclusions, il y a **mise en état** de l'affaire.

Elle permet au tribunal de mener l'instruction.

Au jour qui avait été fixé lors de l'enrôlement, l'**audience** a lieu et le tribunal entend les deux avocats, l'un exigeant le remboursement de toutes les échéances impayées, l'autre présentant une demande de délai.

C'est le moment où les demandes et arguments des parties sont exposés.

Le président du TJ préfère mettre l'affaire **en délibéré**.

C'est un délai de réflexion.

Après ce temps de réflexion, les parties sont avisées que le **jugement** accorde un délai de paiement d'un an au débiteur.

C'est la décision des juges.

DOC. 10 Identifier les étapes du procès pénal

BANALE ET TRISTE HISTOIRE !

Mme Yvonne Placet a été attaquée dans la rue par Sylvain Truche, un jeune malfrat qui lui a arraché son sac et l'a projetée à terre où elle s'est blessée. Elle a **porté plainte (1)** contre le délinquant qui a été reconnu par des témoins. **Le procureur de la République a décidé de poursuivre (2)** et le **juge d'instruction**, après une rapide enquête, **a mis en examen (3)** Sylvain Truche pour coups et blessures volontaires et vol. Le tribunal correctionnel vient de rendre son **jugement (4)** : le jeune voyou a été condamné à 2 ans de prison. Mme Placet s'étant portée partie civile, le tribunal lui a attribué une indemnité de 12 500 € dont devra s'acquitter Sylvain Truche.

1 La constatation de l'infraction
– par la police ou la gendarmerie ; la victime peut **porter plainte**.

→

2 La décision de poursuivre
– par le ministère public (« le parquet ») : procureur de la République, substituts.
Selon la gravité des faits, le parquet décide soit de classer sans suite (pas de procès), soit de poursuivre.

→

3 L'instruction
– effectuée par le juge d'instruction, qui cherche toutes les preuves, pour établir s'il y a lieu ou non de **mettre en examen** l'auteur présumé des faits.

→

4 Le jugement – le président du tribunal interroge le prévenu, la victime (éventuellement « partie civile »), ensuite les témoins. Il donne la parole au ministère public, qui représente l'intérêt public. Le prévenu – ou son avocat – a la parole en dernier. Une fois les débats terminés, le tribunal rend son **jugement** ou bien il met l'affaire en **délibéré**.

Détention provisoire

Une personne poursuivie en matière pénale peut être placée en prison avant le procès, sous le régime de la détention provisoire. Il s'agit d'une exception à la présomption d'innocence, qui est très encadrée par la loi, notamment en ce qui concerne sa motivation et sa durée. La détention provisoire peut être ordonnée lors de l'instruction.

« Détention provisoire », www.service-public.fr

Situation

La direction du magazine *Closer* aurait sans doute préféré un arrangement à l'amiable avec Brigitte Macron. Mais celle-ci a choisi de régler le conflit par la voie judiciaire, en sachant bien que la procédure serait plus longue qu'une conciliation ou un arbitrage.

14 Par quel acte de procédure le procès fait par Brigitte Macron à *Closer* a-t-il commencé ? Qui est le défendeur à cette action ? ➜ Document 9

15 Quelle est la finalité de l'échange des conclusions entre les avocats des parties ? ➜ Document 9

16 Expliquez l'intérêt de la mise en délibéré avant un jugement. ➜ Document 9

Situation

Lorsque l'affaire des faux permis de conduire avait été découverte, en juin 2016, Patrick Antonelli avait été immédiatement mis en examen, puis très vite placé en détention provisoire.

17 Lors de quelle phase de la procédure pénale a-t-il été décidé de placer Patrick Antonelli en détention provisoire ? ➜ Document 10

18 D'une manière générale, en quoi la détention provisoire porte-t-elle atteinte à la présomption d'innocence ? Comment cette mesure peut-elle se justifier ? ➜ Document 10

19 Dans quelle mesure le procureur de la République est-il le premier acteur capital de la procédure pénale ? ➜ Document 10

20 Pourquoi l'instruction est-elle une phase essentielle de la procédure pénale ? ➜ Document 10

Allez plus loin !

Coupable et condamné

Vidéo : « Affaire Sophie Le Tan : Jean-Marc Reiser condamné à la perpétuité » – 20 Minutes France liennathan.fr/4c6r6c

1 Quelle est la qualification des faits reprochés à Jean-Marc Reiser ? Quelle juridiction est compétente pour les juger ?

2 Quelle est la décision prise à l'encontre de l'accusé ?

3 Quel recours est possible pour le condamné ?

4 Distinguer les voies de recours

DOC. 11 Le principe du double degré de juridiction

L'appel est un recours contre un premier jugement rendu « en premier ressort ». Il est exercé dans le délai d'un mois en droit privé (10 jours en droit pénal) et il permet le réexamen d'une affaire en fait et en droit.

La cour d'appel est une juridiction du 2e degré, **hiérarchiquement supérieure** aux juridictions du 1er degré.

COUR D'APPEL
(au moins une par région)

↑

Tribunaux de droit privé | Tribunaux répressifs
(plusieurs par département)

Une cour d'appel rend un **ARRÊT** :
– **confirmatif** si elle approuve le jugement ;
– **infirmatif** si elle réforme le jugement.

↑

Un tribunal du 1er degré rend un **JUGEMENT** – l'**appel** est possible, sauf pour les affaires jugées en **premier et dernier ressort** (< 5 000 €).

DOC. 12 Les enjeux du pourvoi en cassation

La Cour de cassation est la plus haute juridiction de l'ordre judiciaire. Elle siège à Paris et exerce sa compétence sur l'ensemble du territoire français. Elle a pour fonction de **vérifier la conformité des décisions des juridictions aux règles de droit**, sans rejuger les faits, c'est-à-dire le fond de l'affaire.

Toutes les décisions rendues en **dernier ressort** peuvent faire l'objet d'un **pourvoi en cassation**, c'est-à-dire être contestées devant la Cour de cassation :
- les jugements des juridictions du 1er degré rendus en **premier et dernier ressort** ;
- les arrêts rendus par les cours d'appel (en droit privé) et les cours d'assises d'appel (en droit pénal).

Si la Cour de cassation estime que le droit a bien été appliqué par les juges, elle **rejette le pourvoi**. Si, au contraire, elle pense que les juges ont commis une erreur de droit, elle **casse** leur décision et **renvoie** l'affaire devant une autre juridiction.

DOC. 13 Le recours aux tribunaux européens

Une juridiction particulière : la Cour européenne des droits de l'homme (CEDH)

C'est une juridiction du Conseil de l'Europe chargée de veiller au respect de la Convention européenne de sauvegarde des droits de l'homme et des libertés fondamentales (ConvEDH) par les 47 États qui l'ont ratifiée. La quasi-totalité des États du continent européen, depuis l'Irlande jusqu'à la Russie ou la Turquie, en font partie.

Conditions de détention indignes : la France condamnée par la CEDH

Statuant sur 32 requêtes introduites par des personnes détenues, la Cour de Strasbourg alloue à chacun des requérants une indemnisation en fonction de la durée de sa détention et s'échelonnant entre 4 000 et 25 000 €. [...] Cette condamnation, que certains jugeront sévère, était néanmoins tout à fait prévisible compte tenu de l'impuissance des autorités françaises à remédier au problème ancien de la surpopulation carcérale [...].

www.dalloz-actualite.fr, 06/02/2020.

Situation

Condamné en juillet 2020 à quatre ans de prison dont la moitié ferme dans l'affaire du trafic de permis à la préfecture de Nanterre, Patrick Antonelli, [...] compagnon de la chanteuse Amel Bent, avait fait appel. [...] La cour d'appel de Versailles a rendu son arrêt ce jeudi [24 janvier 2022]. Elle condamne Patrick Antonelli à trois ans d'emprisonnement, dont deux avec sursis et mise à l'épreuve. Pour la partie ferme, la peine sera aménagée. Ce qui signifie que Patrick Antonelli la purgera sous bracelet électronique.

Valérie Mahaut, www.leparisien.fr, 27/01/2022.

21 Quelle est la voie de recours choisie par Patrick Antonelli ? Qu'espérait-il de cette étape de la procédure ? Quel risque acceptait-il ? Document 11

22 Pourquoi, selon vous, ne peut-on pas faire appel, en droit privé, d'un jugement portant sur un litige de moins de 5 000 euros ? Document 11

23 Quelle décision espère-t-on lorsqu'on fait un pourvoi en cassation ? Document 12

24 Pourquoi la Cour de cassation est-elle appelée « juridiction suprême » ? Document 12

25 Expliquez en quoi la Cour de cassation assure aux justiciables l'égalité dans l'application des règles de droit. Document 12

Situation

Les avocats de Patrick Antonelli avaient obtenu sa libération sous contrôle judiciaire quatre mois après sa mise en détention provisoire. Ils estimaient que les conditions de sa présentation à la justice n'exigeaient pas cette privation de liberté.

26 Dans quel cas Patrick Antonelli aurait-il pu saisir la CEDH ? Document 13

27 Quel type de décision aurait-il pu en attendre ? Document 13

28 En quoi cette juridiction est-elle une contrainte pour les États signataires de la Convention européenne de sauvegarde des droits de l'homme et des libertés fondamentales ? Document 13

Allez plus loin !

L'Union européenne aussi fournit de la jurisprudence !

Vidéo : « Le fonctionnement de la Cour – Les notions essentielles » – Cour de Justice de l'Union européenne liennathan.fr/7m49ut

1 Comment la Cour de Justice de l'Union européenne (CJUE) est-elle composée ?

2 Quelles sont ses compétences ?

3 Quels sont les sujets qu'elle est amenée à traiter ? Dans quels domaines du droit intervient-elle souvent ?

4 Comment son action est-elle complémentaire de celle des juridictions nationales ?

5 Donnez des exemples de décisions de la CJUE intéressant les citoyens de l'Union européenne.

Applications

QUIZ
liennathan.fr/s8vg35

1 Maîtriser le vocabulaire juridique

Associez chaque expression juridique à sa formulation, en langage courant.

a Le demandeur au pourvoi en cassation **fait grief** à la cour d'appel…

b Le demandeur au procès **obtient gain de cause** devant les juges.

c Une partie **est déboutée** par les juges.

d La victime d'une infraction peut **se constituer partie civile.**

e Un jugement ou un arrêt peuvent être rendus **en dernier ressort.**

1 Une personne voit sa demande rejetée par les juges.

2 La personne qui subit un préjudice du fait d'une infraction peut demander la réparation de ce préjudice.

3 La partie qui saisit la Cour de cassation reproche à la cour d'appel…

4 Certaines décisions de justice ne peuvent pas faire l'objet d'un appel.

5 Celui qui a agi en justice voit son point de vue triompher.

2 Mesurer la propension à exercer les recours judiciaires

1. Quel est le taux d'affaires conciliées avant tout procès ?
2. Quelle est la proportion des affaires de droit privé faisant l'objet d'un appel ?
3. Quelle est la proportion des affaires jugées en appel faisant l'objet d'un pourvoi en cassation ?
4. Quelle est la proportion des affaires de droit privé dont la procédure se déroule jusqu'à la Cour de cassation ?
5. Quelle conclusion peut-on tirer de ces chiffres ?

DOC. 1 Affaires nouvelles devant les juridictions de droit privé (en 2021)

Cour de cassation	15 781	Tribunaux judiciaires	1 464 702
Cours d'appel	209 618	Tribunaux de commerce	111 271
		Conseils de prud'hommes	103 141

Statistiques sur la justice en France en 2021, www.justice.gouv.fr

DOC. 2 Activités des conciliateurs de justice (en 2021)

Saisine par le justiciable	172 897
Saisine par le juge	18 640
Nombre d'affaires conciliées	88 480

3 Étudier un cas de procédure pénale

★

Durant la nuit du 3 au 4 juillet 2022, un jeune homme a appelé la gendarmerie de Dietwuiller, dans le Bas-Rhin, en indiquant qu'un de ses amis venait d'être blessé à coups de couteau et l'avait appelé à son secours. Il a précisé qu'en arrivant sur les lieux, il avait vu démarrer une voiture, ce qui lui avait paru suspect. Son ami n'avait pas survécu à ses graves blessures.

1. Pourquoi l'affaire évoquée devrait-elle être jugée en cour d'assises ?
2. Quelles sont les étapes de la procédure qui précéderont le procès d'assises ?
3. Quelle relation existe-t-il entre la qualification de l'infraction et la peine encourue en cour d'assises ?
4. Quel recours sera possible pour les accusés s'ils sont condamnés ?

DOC. Haut-Rhin : un couple mis en examen après la mort d'un jeune homme

Un jeune homme de 22 ans a été mortellement blessé à l'arme blanche dimanche soir [3 juillet 2022] à Dietwiller (Haut-Rhin), village à une dizaine de kilomètres au sud de Mulhouse. Ce mercredi, a annoncé la procureure, un couple de jeunes adultes a été mis en examen pour assassinat et modification d'une scène de crime. [...] La victime [...] avait abordé la jeune fille âgée de 19 ans sous une fausse identité via l'application Snapchat en vue d'une rencontre sexuelle. Une sollicitation de trop pour la jeune majeure, régulièrement harcelée sur le réseau social par deux autres individus. [...] Vers 23 heures, la victime s'est donc rendue au rendez-vous. Alors que la jeune fille attendait dans sa voiture, son compagnon lui, était caché dans un sous-bois. [...] S'en est suivie une bagarre violente entre les deux hommes. La victime a pris un temps le dessus, avant que le compagnon de la jeune femme ne sorte un couteau de sa poche et ne le blesse mortellement. Le couple a ensuite pris la fuite en tentant d'effacer les traces de sang dans le véhicule. »

G. V. avec AFP, www.20minutes.fr, 06/07/2022.

4 Appréhender le rôle de la peine dans le cadre du procès pénal

★★

1. Quels sont les éléments que les juges des juridictions pénales doivent prendre en compte pour décider de la sanction infligée aux délinquants ?
2. Quelles sont les finalités de cette individualisation des peines ?
3. La décision des juges est-elle, en la matière, totalement libre ? Justifiez votre réponse.

DOC. Code pénal – Article 132-24

Dans les limites fixées par la loi, la juridiction prononce les peines et fixe leur régime en fonction des circonstances de l'infraction et de la personnalité de son auteur. Lorsque la juridiction prononce une peine d'amende, elle détermine son montant en tenant compte également des ressources et des charges de l'auteur de l'infraction.
La nature, le quantum et le régime des peines prononcées sont fixés de manière à concilier la protection effective de la société, la sanction du condamné et les intérêts de la victime avec la nécessité de favoriser l'insertion ou la réinsertion du condamné et de prévenir la commission de nouvelles infractions.

5 Analyser un schéma d'organisation juridique

★★

À partir du schéma (document), précisez les points suivants :

1. Dans quel cas un pourvoi en cassation fait-il suite à un jugement ? à un arrêt ?
2. Dans quel cas un 2e pourvoi en cassation est-il possible ? Comment cela se justifie-t-il ?
3. Pourquoi, dans ce cas-là, réunit-on l'assemblée plénière de la Cour de cassation ?
4. Qu'est-ce qui justifie que la Cour de cassation tranche définitivement après un 2e pourvoi ?
5. Montrez que la procédure est terminée lorsqu'il y a identité d'interprétation du droit entre les juges du fond (du 1er degré ou de la cour d'appel) et la Cour de cassation.

DOC. Rôle et modalités d'intervention de la Cour de cassation

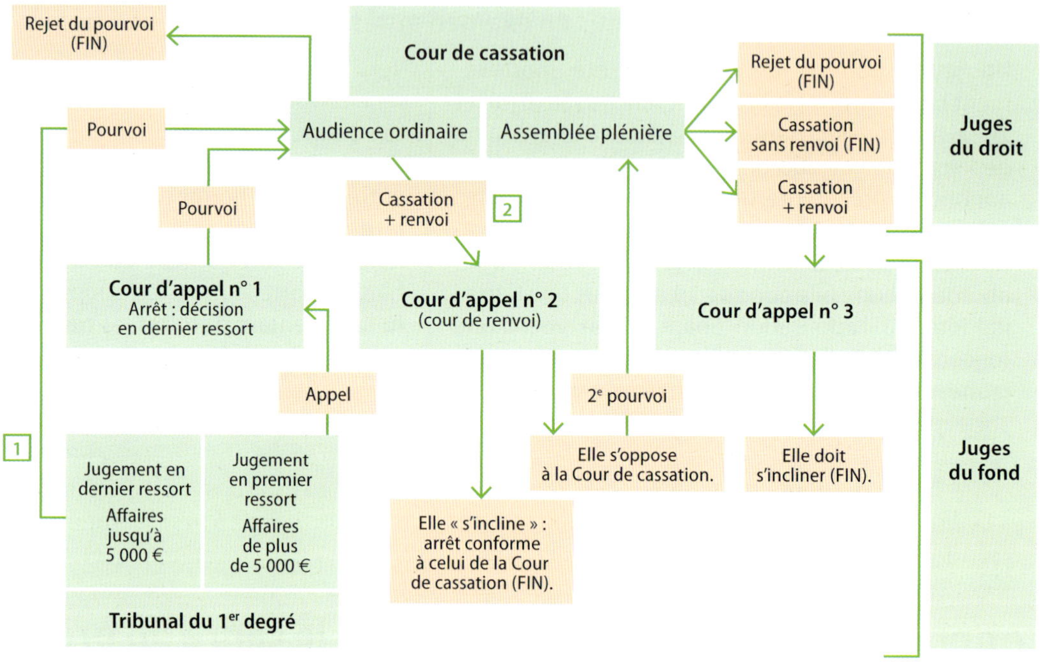

1 L'impossibilité de faire appel n'empêche pas de faire un pourvoi en cassation.

2 La juridiction de renvoi est du même type que celle dont la décision a été cassée.

6 Comprendre les décisions de la Cour de cassation

★

À partir de ces différentes décisions de la Cour de cassation, indiquez, pour chaque formule du langage courant, celle qui lui correspond en termes juridiques.

Formulations du langage courant

1. La Cour de cassation désapprouve la cour d'appel qui avait elle-même approuvé un jugement du tribunal judiciaire.
2. La Cour de cassation désapprouve le tribunal qui avait rendu un jugement sans appel possible.
3. La Cour de cassation approuve la cour d'appel qui avait désapprouvé le premier jugement.
4. La Cour de cassation approuve finalement une cour d'appel, après avoir d'abord désapprouvé la décision d'une première cour d'appel.

Formulations juridiques

a. Les juges du droit rejettent le pourvoi formé contre l'arrêt infirmatif d'appel.
b. La Cour de cassation casse l'arrêt confirmatif de la cour d'appel.
c. La Cour de cassation rejette le pourvoi formé contre l'arrêt de renvoi de la cour d'appel.
d. La Cour de cassation casse le jugement rendu en dernier ressort.

7 Se préparer au bac — Exploiter les documents juridiques : comprendre la décision de justice

Pour cette application, vous pouvez vous aider de la fiche méthode 6.

1. Dans l'arrêt suivant, identifiez :
   – les parties à l'origine du procès ;
   – le défendeur ;
   – la raison du litige.
2. Quelle juridiction a été saisie au premier degré ?
3. Quel est le sens du jugement rendu ?
4. Quelle juridiction est intervenue au second degré ?
5. Qui l'a saisie ?
6. Quelle solution cette juridiction a-t-elle retenue ?
7. Quelles suites cette affaire pourrait-elle avoir en justice ?

DOC. Cour d'appel de Nîmes – Arrêt du 13 septembre 2022 (extrait)

FAITS, PROCÉDURE ET PRÉTENTIONS DES PARTIES
M. X… a été embauché par la société ID Logistics France en qualité de préparateur de commandes […], suivant contrat de travail à durée indéterminée à compter du 12 juin 2006. […] Licencié pour faute grave par lettre du 23 février 2018, M. X… a saisi le conseil de prud'hommes de Nîmes, lequel a, par jugement du 4 juillet 2019, statué en ces termes : « Déboute M. X… de ses demandes […]. »
M. X… a interjeté appel de cette décision […]. L'appelant demande à la cour de : Déclarer recevable l'appel […], infirmer en toutes ses dispositions le jugement du Conseil de prud'hommes de Nîmes, […] dire et juger que le licenciement dont a fait l'objet Monsieur X… est nul,
dire et juger en tout état de cause que le licenciement ne repose pas sur une cause réelle et sérieuse […], condamner la société ID LOGISTICS […] à payer à Monsieur X… les sommes suivantes : 50 000 € au titre de dommages et intérêts pour nullité du licenciement, […] 50 000 € au titre de l'indemnité pour licenciement sans cause réelle et sérieuse, 6 412,27 € à titre de l'indemnité légale de licenciement, […] 10 000 euros au titre du préjudice moral […].

MOTIFS DE L'ARRÊT
Sur la nullité du licenciement : M. X… expose qu'il a été atteint de plusieurs maladies […] et que son licenciement repose en réalité sur son état de santé. […] Ces seuls éléments ne laissant pas supposer qu'il a été licencié en raison de son état de santé, le jugement sera confirmé […]. Sur le caractère réel et sérieux du licenciement : la faute grave est celle qui rend immédiatement impossible le maintien du salarié dans l'entreprise. Il incombe à l'employeur qui l'invoque d'en apporter la preuve. […]
[Des] éléments probants de l'existence d'une fraude organisée au sein du service de réception, ayant eu pour conséquence non seulement d'entraîner le versement de primes indues, mais également d'empêcher toute véritable traçabilité [sont établis]. […]
En conséquence, les faits ainsi établis étant constitutifs d'une faute grave et le licenciement du salarié ne revêtant aucun caractère vexatoire, le jugement sera confirmé en ce qu'il a débouté l'intéressé de l'ensemble de ses demandes.

PAR CES MOTIFS
La cour […] Confirme le jugement déféré […].

Synthèse

SYNTHÈSE AUDIO
liennathan.fr/6k5k2x

Le recours au juge

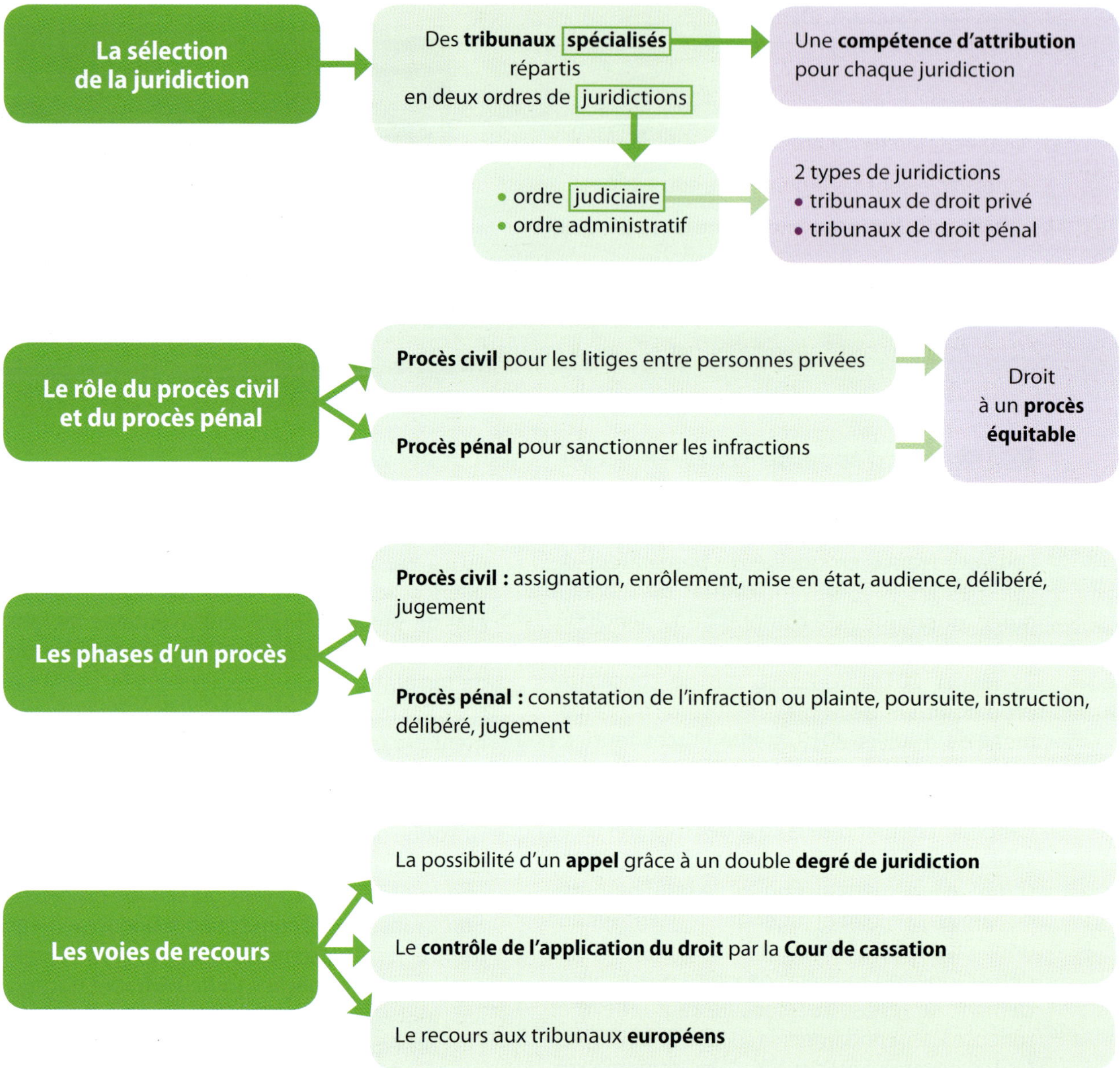

Rédigez votre synthèse personnelle à l'aide des mots-clés suivants :

- Juridictions de droit privé
- Juridictions de droit pénal
- Tribunaux administratifs
- Infraction (contravention, délit, crime)
- Compétence d'attribution
- Procès équitable
- Procès civil, procès pénal
- Instance
- Assignation
- Audience
- Dépôt de plainte, partie civile
- Mise en examen
- Voies de recours : appel, pourvoi en cassation, recours aux tribunaux européens

Entraînement au bac

Pas facile de prouver… et pourtant il faut bien !

Capacités

- Identifier les éléments d'un litige : parties, faits, prétentions, question de droit
- Déterminer au moyen d'une argumentation si le litige est causé par un acte ou par un fait juridique afin d'envisager un mode de preuve adapté
- Apprécier la force probante d'un élément de preuve dans une situation donnée
- Sélectionner la juridiction susceptible de juger un litige
- Identifier les phases d'un procès

À l'aide de vos connaissances et des ressources documentaires en annexe, analysez la situation juridique ci-dessous et répondez aux questions.

Situation Le 15 juillet 2020, Martin Réal a prêté une somme de 15 000 euros à son neveu Xavier, dont il était très proche à l'époque. Celui-ci venait de se marier et avait besoin de cette somme pour compléter son apport personnel lors de l'achat d'un appartement. Il était convenu entre les deux hommes que le remboursement interviendrait le 15 juillet 2023.

Bien que cette date soit passée et que Martin ait réclamé plusieurs fois son argent, Xavier fait la sourde oreille. Il a même eu l'audace de répondre à un appel téléphonique en ironisant sur l'absence de preuve du prêt, pour lequel il n'a signé aucune reconnaissance de dette. Son oncle lui a fait observer qu'il détenait un e-mail de remerciement évoquant clairement l'aide qu'il lui avait apportée.

L'affaire s'envenime et, après une dernière mise en demeure, Martin paraît décidé à mettre en œuvre tous les moyens pour être remboursé.

1. Qualifiez juridiquement les faits à l'origine du litige et les parties qu'il concerne.
2. Quel est le problème juridique ?
3. Développez l'argumentation juridique de Martin Réal pour faire valoir ses droits.
4. En cas de procès, quel est le tribunal compétent ?
5. Quelle réflexion vous inspire le fait que la décision de justice puisse elle-même être jugée et critiquée par la Cour de cassation ?

ANNEXE 1 Code civil

Article 1358. Hors les cas où la loi en dispose autrement, la preuve peut être apportée par tout moyen.

Article 1359. L'acte juridique portant sur une somme ou une valeur excédant un montant fixé par décret [1 500 euros] doit être prouvé par écrit sous signature privée ou authentique. Il ne peut être prouvé outre ou contre un écrit établissant un acte juridique, même si la somme ou la valeur n'excède pas ce montant, que par un autre écrit sous signature privée ou authentique. Celui dont la créance excède le seuil mentionné au premier alinéa ne peut pas être dispensé de la preuve par écrit en restreignant sa demande.

Il en est de même de celui dont la demande, même inférieure à ce montant, porte sur le solde ou sur une partie d'une créance supérieure à ce montant.

Article 1360. Les règles prévues à l'article précédent reçoivent exception en cas d'impossibilité matérielle ou morale de se procurer un écrit, s'il est d'usage de ne pas établir un écrit, ou lorsque l'écrit a été perdu par force majeure.

ANNEXE 2 Code civil

Article 1364. La preuve d'un acte juridique peut êtrepréconstituée par un écrit en la forme authentique ou sous signature privée.

Article 1365. L'écrit consiste en une suite de lettres,de caractères, de chiffres ou de tous autres signes ou symboles dotés d'une signification intelligible, quelque soit leur support.

Article 1366. L'écrit électronique a la même force pro-bante que l'écrit sur support papier, sous réserve que puisse être dûment identifiée la personne dont il émane et qu'il soit établi et conservé dans des conditions de nature à en garantir l'intégrité.

Article 1367. La signature nécessaire à la perfection d'un acte juridique identifie son auteur. Elle manifeste son consentement aux obligations qui découlent de cet acte. Quand elle est apposée par un officier public, elle confère l'authenticité à l'acte.
Lorsqu'elle est électronique, elle consiste en l'usage d'un procédé fiable d'identification garantissant son lien avec l'acte auquel elle s'attache. La fiabilité de ce procédé est présumée, jusqu'à preuve contraire, lorsque la signature électronique est créée, l'identité du signataire assurée et l'intégrité de l'acte garantie, dans des conditions fixées par décret en Conseil d'État.

ANNEXE 3 Cour de cassation, 1re chambre civile, arrêt du 19 janvier 2022 (extraits)

Faits et procédure – Selon l'arrêt attaqué, Mme Y…, soutenant avoir prêté la somme de 100 000 euros à sa fille [Mme veuve V…], l'a assignée en remboursement et en paiement de dommages-intérêts. Celle-ci lui a opposé que cette somme lui avait été remise à titre de don.

Examen du moyen – énoncé du moyen – Mme Y… fait grief à l'arrêt de dire qu'elle ne rapporte pas la preuve de l'existence d'un contrat de prêt et de rejeter ses demandes à ce titre, alors :

« 1°/ que la preuve d'un contrat peut se faire par tout moyen lorsque la partie à qui incombe la charge de prouver une obligation a été dans l'impossibilité morale de se procurer un écrit ; […] ; qu'en déduisant de la supposée mésentente de Mme veuve V… avec sa mère, Mme Y…, que cette dernière ne s'était heurtée à aucune impossibilité morale de solliciter de sa fille un écrit, la cour d'appel a statué […] en violation de l'article 1360 du Code civil ; […]

2°/ […] qu'en l'espèce, en énonçant encore, pour retenir que Mme Y… ne s'était heurtée à aucune impossibilité morale de solliciter de sa fille un écrit, que l'importance de la somme versée et l'existence d'autres enfants dont il était nécessaire de préserver les droits, la rendaient tout à fait légitime à solliciter cet écrit […], la cour d'appel a violé l'article 1360 du Code civil. »

Réponse de la cour – […] La cour d'appel […] a estimé qu'en dépit du lien de parenté entre les parties, Mme Y… ne justifiait pas s'être trouvée dans l'impossibilité morale de se procurer une preuve par écrit.

PAR CES MOTIFS, la Cour : REJETTE le pourvoi […].

ANNEXE 4 Article de doctrine

Selon l'article 1353 du Code civil […], la charge de la preuve incombe au demandeur : « Celui qui réclame l'exécution d'une obligation doit la prouver. Réciproquement, celui qui se prétend libéré doit justifier le paiement ou le fait qui a produit l'extinction de son obligation. » [...] Une exception traditionnellement admise à la règle précitée consiste en l'impossibilité de s'être préconstitué une preuve écrite (C. civ., art. 1360). Le demandeur dans l'impossibilité morale ou matérielle de se procurer une preuve écrite est, dans ce cas, autorisé à rapporter autrement la preuve de sa créance. Les juges admettent en effet, outre l'impossibilité matérielle de se procurer un écrit, l'impossibilité morale de l'avoir préconstituée, notamment en raison des liens familiaux, conjugaux ou amicaux, bref, de liens fondés *a priori* sur un rapport de confiance entre les protagonistes justifiant l'impossibilité morale de se procurer un écrit. En l'espèce, si le lien de parenté est établi, les juges devront souverainement apprécier si celui-ci empêchait effectivement de se procurer un écrit [...].

« Droit des obligations. Famille je vous prête ! », actu.dalloz-etudiant.fr

La personnalité juridique

5

Capacités

- Identifier et qualifier une personne juridique
- Analyser les conséquences de la personnalité juridique
- Distinguer une personne physique d'une personne morale
- Identifier les attributs d'une personne physique et d'une personne morale

Vers PIX

D1.1. - Mener une recherche et une veille d'information

Avant la classe

Vidéo : Selfie de macaque – France TV Londres
liennathan.fr/7wh45c

- **Qui est l'auteur de la photo ?**
- **Le singe est-il, selon vous, reconnu comme une personne pour le droit ?**

Situation

Les patrimoines professionnels cumulés des 500 plus grandes fortunes de France ont progressé de 5 % en un an pour dépasser la barre symbolique des 1000 milliards d'euros, selon le nouveau classement du magazine *Challenges*. Voici la liste des [...] premiers.

1. Bernard Arnault : 149 milliards d'euros [...] ;
2. Alain et Gérard Wertheimer et leur famille : 80 milliards d'euros [...] ;
3. Famille Hermès : 78,7 milliards d'euros [...] ;
4. Françoise Bettencourt Meyers et sa famille : 62,4 milliards d'euros [...] ;
5. Rodolphe Saadé et sa famille : 36 milliards d'euros [...] ;
6. La famille Dassault : 31,4 milliards d'euros [...] ;
7. François Pinault et sa famille : 30,9 milliards d'euros [...].

www.marianne.net, 6/07/2022.

1 Identifier et qualifier une personne juridique

DOC. 1 Qui est sujet de droit ?

Les sujets de droit sont toutes les personnes à qui le droit reconnaît la personnalité juridique. En droit, soit l'on est un sujet de droit, soit l'on est un objet de droit. Les choses sont alors des objets de droit.
La personnalité juridique est reconnue :
– à tous les êtres humains : ce sont des **personnes physiques** sujets de droit ;
– à un certain nombre de groupements, comme les sociétés ou les associations dont les membres se sont réunis dans un but commun : ce sont les **personnes morales**.

DOC. 2 Qu'est-ce que la personnalité juridique ?

En droit français, la personnalité juridique est la capacité pour une personne physique ou une personne morale à être sujet de droit. En tant que sujet actif de droit, elle se voit reconnaître des droits avec la capacité d'en jouir (**capacité de jouissance** ; exemples : droit de propriété, liberté d'expression) et celle de les exercer (**capacité d'exercice** ; exemples : conclure des contrats, saisir la justice). En tant que sujet passif de droit, elle est assujettie à des obligations.

www.toupie.org

DOC. 3 Les droits subjectifs des personnes

Les droits subjectifs
Prérogatives données aux personnes sujets de droit pour régir les rapports entre elles et permettre la vie en société

Droits patrimoniaux	**Droits extrapatrimoniaux**
Évaluables en argent	Non évaluables en argent
Pouvant être vendus, donnés ou légués	Ne pouvant être ni vendus, ni donnés, ni légués
Ex. : droit de propriété, créance	Ex. : droit de vote, liberté d'expression

DOC. 4 Le statut particulier des animaux

Article 515-14 du Code civil : « Les animaux sont des êtres vivants doués de sensibilité. Sous réserve des lois qui les protègent, les animaux sont soumis au régime des biens. »

Mais les animaux sont-ils des biens comme les autres ? Le droit reconnaît aux animaux le statut d'êtres doués de sensibilité, mais ils demeurent toutefois soumis au régime des biens : ils peuvent être vendus, prêtés, donnés, etc. Ils sont donc objets de droit par opposition aux personnes, sujets de droit. Cependant, des sanctions pénales et civiles existent en cas de mauvais traitements : l'article 521-1 du Code pénal punit de deux ans de prison et 30 000 euros d'amende tout acte de cruauté envers un animal domestique.

La **loi du 30 novembre 2021** visant à lutter contre la maltraitance animale et conforter le lien entre les animaux et les hommes est entrée en vigueur et a permis notamment de créer un nouveau certificat pour l'acquisition d'un animal de compagnie, a prévu des sanctions renforcées en cas de sévices et de zoophilie, la fin des delphinariums en 2026 et des animaux sauvages dans les cirques itinérants en 2028... Ce sont quelques-unes des mesures de la loi visant à lutter contre la maltraitance animale.

www.vie-publique.fr, 1/12/2021.

Situation

Bernard Arnault a commencé dans le monde des affaires en travaillant à partir de 1971 pour l'entreprise de bâtiment de son père [...]. Fin 1984, Bernard Arnault est choisi par les pouvoirs publics pour reprendre l'entreprise textile nordiste Boussac, appartenant aux frères Willot, ainsi que ses entités Christian Dior, Le Bon Marché et Conforama. [...] En janvier 1989, Bernard Arnault devient actionnaire majoritaire de LVMH [...]. En 1993, LVHM rachète les marques Berluti et Kenzo, puis le parfumeur Guerlain en 1994, ou encore l'horloger suisse TAG Heuer en 1999. [...] En février 2020, LVMH réalise la plus grosse acquisition de son histoire en s'emparant du joaillier américain Tiffany, pour un montant de 14,7 Mds€.

www.businessinsider.fr, 09/07/2020.

En 2021, la part des principaux produits dans le chiffre d'affaires de LVMH est la suivante : articles de mode et de maroquinerie : 48 %, parfums et produits cosmétiques : 10 %, vins et spiritueux : 9 %, montres et bijoux : 14 %, autres : 19 %.

1 Repérez dans la situation les sujets de droit et les objets de droit. Document 1

2 Quelles sont les personnes physiques ? Quelles sont les personnes morales ? Documents 1 et 2

3 Quels éléments montrent que le patron de LVMH dispose de la personnalité juridique ? Document 2

4 Quels droits subjectifs Bernard Arnault peut-il transmettre à ses héritiers ? Document 3

Situation

Un poussin dans une boîte Dior ! C'est le cadeau offert par des amis à Alexandre [Arnault] pour ses 21 ans. Depuis, le bébé est devenu une poule, qui fournit des œufs aux visiteurs de Rambouillet. La famille y a installé toute une ménagerie (moutons, ânes, chiens).

www.capital.fr

5 Bernard Arnault aime beaucoup ses animaux domestiques. Peut-il leur léguer une partie de sa fortune ? Pourquoi ? Document 4

6 Qu'est-ce qui distingue les liens entre les personnes et les animaux des liens entre les personnes et les autres objets de droit ? Documents 2 et 4

Allez plus loin !

L'animal, un meuble ? Les choses ont évolué !

Vidéo : Statut juridique de l'animal, le récit d'un tournant historique – Fondation 30 Millions d'Amis liennathan.fr/uk4i86

1 L'animal est-il un sujet de droit ou un objet de droit ?

2 Quelles sont les conséquences du nouveau statut de l'animal depuis 2015 ?

2 Distinguer une personne physique d'une personne morale

DOC. 5 La personne physique, attribution et extinction de la personnalité juridique

Attribution	Extinction
• À la naissance, du moment que l'enfant est né vivant et viable (l'attribution peut être reconnue à partir de la conception quand l'intérêt de l'enfant le justifie : ainsi, un enfant à naître peut être le bénéficiaire d'une donation ou d'une succession). • Le père de l'enfant, à défaut le médecin, la sage-femme ou toute personne ayant assisté à l'accouchement, déclare la naissance à l'officier d'état civil de la mairie du lieu de naissance. Celui-ci rédige l'acte de naissance.	• Avec le **décès** de l'individu. Déclaration à la mairie du lieu du décès dans un délai de 24 heures. • Deux situations particulières : – l'**absence** : lorsqu'une personne ne reparaît pas à son domicile « sans que l'on ait eu de nouvelles ». Durant dix ans, elle est présumée absente et vivante. Passé ce délai, ses proches peuvent faire constater son absence, qui entraîne la présomption de décès (art. 112 et s. du Code civil) ; – la **disparition** : lorsque les circonstances laissent présumer du décès, car la personne a disparu « dans des circonstances de nature à mettre sa vie en danger ». Ses proches ou le procureur de la République peuvent demander en justice une déclaration de décès.

DOC. 6 La personne morale, attribution et extinction de la personnalité juridique

Attribution	Extinction
La personnalité morale naît avec une formalité. • Pour une **société** : depuis le 1er janvier 2023, les sociétés sont tenues de déclarer leur création (modification de situation ou cessation des activités aussi) via le « guichet électronique des formalités d'entreprises » qui est un portail internet sécurisé, cela pour s'inscrire au RNE (registre national des entreprises). • Pour une **association** : déclaration à la préfecture, puis publicité au *Journal officiel*. • Pour un **syndicat** : déclaration à la mairie, puis publicité au *Journal officiel*.	La personne morale peut perdre la personnalité pour plusieurs raisons, notamment la dissolution et la liquidation, suivies de la radiation. • La **dissolution** : décision de mettre fin à la personne morale (décision des associés, du juge). • La **liquidation** permet de transformer en argent les différents éléments d'actifs de la personne morale. • La **radiation** doit s'opérer auprès des organes ayant reçu l'immatriculation ou la déclaration (RNE, préfecture...).

DOC. 7 La diversité des personnes morales

De droit privé		De droit public
À but lucratif *Pour rechercher un profit*	**À but non lucratif** *Pour atteindre un but*	*Pour défendre les intérêts de la collectivité*
Société : groupement de personnes qui associent leurs moyens pour exercer une activité (sociétés civiles professionnelles ; sociétés commerciales : SARL, SA...). **GIE** (groupement d'intérêt économique) : pour améliorer la collaboration entre entreprises (carte bancaire). 	**Association :** groupement de personnes pour mener ensemble une action désintéressée (Croix-Rouge, club de loisirs...). **Syndicat professionnel :** regroupement de personnes pour défendre les droits et intérêts des membres (CFDT, FO, CGT, MEDEF...). 	**État et collectivités publiques** (communes, départements...). **Établissements publics :** culturels et d'éducation (lycées) ; de soins et assistance (hôpitaux). **Entreprises publiques :** contrôlées par l'État (SNCF, La Poste). 

Situation

Bernard Arnault est né le 5 mars 1949 à Roubaix. Ses parents sont Jean Arnault (1919-2010) et Marie-Josèphe Savinel (1920-2005).

7 Avec quel événement la personnalité juridique débute-t-elle et s'achève-t-elle ? Illustrez vos propos avec les parents de Bernard Arnault. ▶ Document 5

8 Que doivent faire les parents après la naissance de leur enfant ? ▶ Document 5

9 Quelle différence faites-vous entre l'absence et la disparition ? ▶ Document 5

Situation

Lâché par LVMH, le lunetier Logo est placé en liquidation judiciaire. Le Groupe Logo réalisait 40 millions d'euros de chiffre d'affaires grâce aux produits LVMH. [...] Mais en décembre 2015, le leader mondial du luxe a annoncé au lunetier qu'il lui retirait les licences TAG Heuer et Fred.

www.latribune.fr

10 Quelle était la nature de l'activité de Logo ? En quoi était-elle conforme à la finalité de ce type de personne morale ? ▶ Documents 6 et 7

11 Comment la société Logo a-t-elle perdu la personnalité juridique ? ▶ Document 6

Situation

Jeudi [30 janvier 2020], plusieurs opposants à la réforme des retraites se sont regroupés devant l'entrée des ateliers Louis Vuitton à Issoudun. [...] L'intersyndicale CGT-FO-FSU-Solidaires a souhaité une action symbolique pour dénoncer les « cadeaux aux plus riches ». Les manifestants veulent également se montrer solidaires des ouvriers qui travaillent sur le site en leur distribuant des tracts.

Louis Mondot, www.francebleu.fr, 30/01/2020.

12 Quelles sont les personnes morales qui soutiennent la manifestation ? ▶ Document 6

13 En quoi leur présence illustre-t-elle bien leur raison d'être ? ▶ Document 7

Allez plus loin !

Les documents administratifs en ligne

Article : « Tout savoir sur la copie intégrale d'acte de naissance » – mon-acte-de-naissance.fr
liennathan.fr/bg559j

1 Comment obtenir un acte de naissance ?

2 Est-ce gratuit ? Rendez-vous sur le site de votre mairie de naissance pour le vérifier. ▶ Vers PIX D1.1

3 Identifier les attributs d'une personne physique et d'une personne morale

DOC. 8 Les éléments d'identification de la personne physique

Une personne physique est identifiée par son nom, son domicile, son patrimoine et sa nationalité.

• Le **nom de famille** permet d'individualiser les personnes physiques. Il est acquis par filiation (lien juridique qui rattache une personne à son père ou à sa mère). Un enfant dont la filiation est établie à l'égard de chacun des parents peut porter soit le nom du père, soit le nom de la mère, soit les deux noms accolés dans un ordre choisi par eux.

Depuis le 1er juillet 2022, il est possible de changer son nom de famille par simple déclaration à l'état civil pour choisir de porter le nom de sa mère, de son père ou les deux. Cette procédure ne sera possible qu'une fois dans sa vie.

L'adoption donne à l'enfant adopté le nom de l'adoptant.

Le changement de nom est possible s'il est ridicule, infamant ou pour favoriser l'intégration d'une personne naturalisée française.

• Le **prénom** (ou les prénoms afin d'éviter les homonymes) permet d'individualiser une personne physique au sein de sa famille et de la société.

• Le **domicile** est la localisation géographique stable et permanente de la personne.

– Soit le domicile est librement choisi (lieu où la personne a son principal établissement).

– Soit il existe un domicile légal : la loi impose leur domicile à certaines personnes (ex. : un mineur est domicilié *de facto* chez ses parents).

On ne peut avoir légalement qu'un seul domicile, c'est la règle de l'unicité du domicile.

DOC. 9 La notion de genre

L'**article 225-1 du Code pénal** dispose que : « Constitue une discrimination toute distinction opérée entre les personnes physiques sur le fondement de leur origine, de leur sexe […] de leur orientation sexuelle, de leur identité de genre, de leur âge […]. »

Le droit français a remplacé la terminologie d'« identité sexuelle » par celle d'« identité de genre » afin de cesser « d'alimenter la méconnaissance et les préjugés qui pèsent sur les personnes transidentitaires ». La « transidentité » désigne le décalage ressenti par certaines personnes entre leur sexe biologique et leur identité psychosociale ou « identité de genre » (Avis sur l'identité de genre et sur le changement de la mention de sexe à l'état civil, 27 juin 2013). Désormais, le changement de sexe à l'état civil français est simplifié. « Toute personne majeure ou mineure émancipée qui démontre par une réunion suffisante de faits que la mention relative à son sexe dans les actes de l'état civil ne correspond pas à celui dans lequel elle se présente et dans lequel elle est connue peut en obtenir la modification » (article 61-5 du Code civil).

DOC. 10 Les éléments d'identification de la personne morale

Une personne morale est identifiée par sa dénomination, son siège social et son patrimoine.

• Le nom d'une personne morale est, en principe, librement choisi par ses fondateurs. L'appellation de la personne morale diffère selon le type de cette dernière. On parle :

– de dénomination sociale pour une société (ex. : société Danone, société Stellantis) ;

– de titre pour les associations (ex. : Les Restos du Cœur, la Croix-Rouge) ;

– de dénomination pour les syndicats (ex. : CGT, CFDT).

• Toute personne morale a un domicile unique, appelé siège social. Il est situé là où la personne morale a son principal établissement, celui où se trouvent ses organes de direction et ses services administratifs.

Situation

Les cinq rejetons de Bernard Arnault, le propriétaire du groupe de luxe LVMH, s'adorent, promis, juré. Qu'il y ait en arrière-plan une fortune d'environ 100 milliards d'euros à se partager, fondée sur le succès de la multinationale du luxe et sa collection de marques prestigieuses (Louis Vuitton, Dior, Bulgari, Dom Pérignon, Guerlain), n'y change rien. Selon la légende, les deux enfants les plus âgés, Delphine et Antoine, issus du premier mariage de leur père avec Anne Dewavrin, se sont fait la promesse, à 20 ans, de ne jamais mettre en péril l'intérêt patrimonial supérieur de la dynastie.

Jérôme Lefilliâtre, www.liberation.fr, 06/08/2020.

14 Quel(s) élément(s) d'identification des enfants de Bernard Arnault pouvez-vous relever ? Document 8

15 Comment les enfants issus du premier mariage de Bernard Arnault auraient-ils pu s'appeler sous le règne de la législation actuelle ? Document 8

16 Selon vous, quelles évolutions de la société expliquent que la procédure de changement de sexe à l'état civil a été simplifiée ? Document 9

17 Bernard Arnault possède diverses propriétés immobilières. Quelle est celle où se situe son domicile ? Pourquoi ? Document 8

Situation

Ce jeudi 17 février [2022], le groupe [Kering] de François-Henri Pinault, fils du propriétaire du Stade Rennais François Pinault, fait état de 17,6 milliards d'euros de ventes et d'un bénéfice net à 3,2 milliards d'euros en 2021, dépassant ses résultats d'avant la pandémie [de Covid 19] et allant au-delà des perspectives de croissance attendues.

www.ouest-france.fr, 17/02/2022.

18 Quel groupe se présente comme le principal concurrent de LVMH ? Document 10
Faites des recherches pour relever les éléments d'identification de certaines sociétés de ce groupe. Vers PIX D1.1

Allez plus loin !

Préparez-vous au Grand Oral

Vers PIX D1.1

Identifier les attributs d'une personne physique

Préparez seul(e) ou à plusieurs un exposé oral vous permettant, dans un premier temps, de présenter l'évolution des règles d'attribution du nom de famille jusqu'à la loi du 2 mars 2022. Dans un deuxième temps, vous vous attacherez à mettre en lumière les raisons qui ont motivé cette évolution législative. Dans un dernier temps, vous essaierez de faire preuve d'esprit critique par rapport à la loi nouvelle.

Vous prendrez appui sur vos connaissances et sur des articles en ligne, issus par exemple des sites : www.amf.asso.fr, www.vie-publique.fr, www.justice.fr.

Applications

QUIZ
liennathan.fr/2gz53q

1 Maîtriser le vocabulaire juridique

Associez chaque expression juridique à sa définition.

a Personnalité juridique

b Personne physique

c Personne morale

d Droit patrimoniaux

e Droit extrapatrimoniaux

1 Être humain doté, en tant que tel, de la personnalité juridique

2 Groupement doté de la personnalité juridique

3 Droits non évaluables en argent et ne pouvant être ni vendus, donnés ou légués

4 Droits évaluables en argent et pouvant être vendus, donnés ou légués

5 Capacité à être un sujet de droit

2 Identifier et qualifier une personne juridique

★

1. Cette chanteuse et la société Warner Music France ont-elles la personnalité juridique ? Justifiez vos réponses.
2. Rappelez la différence entre un objet de droit et un sujet de droit.
3. Quels droits la chanteuse détient-elle sur sa musique ?

Aya Nakamura, de son vrai nom Aya Danioko, née le 10 mai 1995 à Bamako au Mali, est une chanteuse, autrice-interprète française de pop urbaine et de R&B. Alors qu'elle est enfant, ses parents déménagent en France. La famille, une famille de griots (des conteurs-chanteurs), s'installe à Aulnay-sous-Bois.

www.nrj.fr

Warner Music France, société par actions simplifiée, immatriculée sous le SIREN 712029370, est en activité depuis 51 ans. Implantée à Paris (75018), elle est spécialisée dans le secteur d'activité de l'enregistrement sonore et édition musicale. Son effectif est compris entre 250 et 499 salariés. Sur l'année 2021, elle réalise un chiffre d'affaires de 89 463 900,00 €.

www.societe.com

3 Distinguer une personne physique d'une personne morale

★

Le fondateur d'une SARL signe ses statuts et obtient son inscription au répertoire informatisé des entreprises de l'Insee (Sirene). Une vingtaine d'années après, il demande l'immatriculation de la société au registre du commerce et des sociétés (RCS). Cette demande est rejetée sur le fondement de l'article R. 123-36, al. 1 du Code de commerce, aux termes duquel l'immatriculation des sociétés est demandée « sitôt accomplies les formalités de constitution, publicité comprise ». La cour d'appel de Paris juge ce refus justifié car la demande n'a pas été présentée en temps utile lors de la constitution de la société.

C'est une application inédite de l'article R. 123-36, al. 1 du Code de commerce. En principe, aucun délai n'est prescrit pour l'accomplissement des formalités d'immatriculation (insertion d'un avis de constitution dans un journal d'annonces légales et dépôt du dossier d'immatriculation au centre de formalités des entreprises). Mais comme la société n'acquiert la personnalité morale qu'à dater de son immatriculation, il est recommandé d'effectuer ces formalités le plus rapidement possible.

« L'immatriculation d'une société doit être demandée sans tarder », www.efl.fr

1. Qualifiez juridiquement les faits (résumez les faits en utilisant le vocabulaire juridique).
2. Reformulez la règle de droit (synthétisez la règle de droit applicable au cas).
3. Quels sont les effets de l'absence d'immatriculation ?
4. Cherchez sur Internet ce qu'est le guichet unique. Vers PIX D1.1

DOC. 1 Article 1842 du Code civil

Les sociétés [...] jouissent de la personnalité morale à compter de leur immatriculation. Jusqu'à l'immatriculation, les rapports entre les associés sont régis par le contrat de société et par les principes généraux du droit applicable aux contrats et obligations.

DOC. 2 Article R. 123-36 du Code de commerce

L'immatriculation des sociétés [...] est demandée sitôt accomplies les formalités de constitution, publicité comprise.

4 Identifier une (nouvelle) personne juridique : le cas des robots

★★

1. Que prône la résolution du Parlement européen du 16 février 2017 ? Les experts de l'intelligence artificielle sont-ils d'accord ?
2. Les robots sont-ils des personnes pour le droit ? Justifiez votre réponse.
3. Selon vous, un robot doit-il être tenu pour responsable d'un dommage causé à un tiers ?
4. Quels attributs de la personnalité pourrait-on relever pour les robots ?

DOC. Le Parlement européen veut faire des robots des « personnes électroniques »

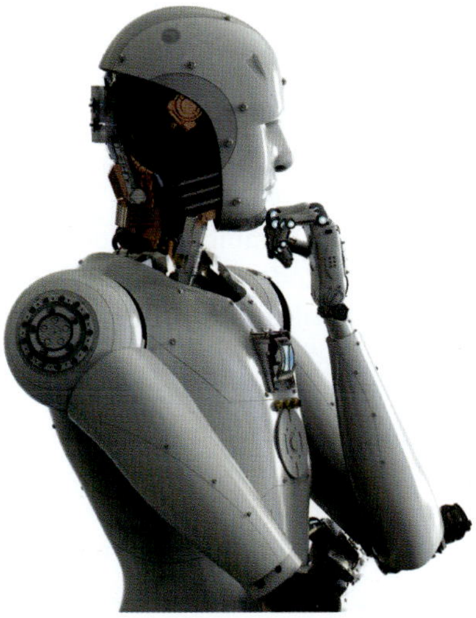

Un robot d'un mètre soixante-treize et cinquante-sept kilos
L'actualité récente nous interpelle : le robot humanoïde autonome est annoncé sur la scène juridique... dès l'an prochain. Son inventeur l'a présenté : 1,73 m, 57 kilos, capable de marcher à 8 km/heure et de courir à 44 km/h [...]

Plus intelligent que l'homme et androgyne
Le choix de l'humanoïde autonome comme sauveur de l'humanité peut paraître *a priori* judicieux car il ne mange pas, ne boit pas, ne respire pas, n'est pas malade et est indifférent aux variations climatiques. Il est donc insensible aux virus, au réchauffement planétaire et aux pénuries alimentaires qui nous menacent. Il est beaucoup plus intelligent que l'homme et connaît tout sur tout. [...]

Personnalité électronique ?
[...] le Parlement européen avait suggéré en 2017 d'attribuer purement et simplement la qualité de sujet de droits, synonyme de personnalité juridique, à une catégorie particulière de robots autonomes (qui pourtant n'étaient pas humanoïdes) (Résolution du 16 février 2017 contenant « des recommandations à la commission concernant les règles de droit civil sur la robotique »). Un tel robot aurait été responsable sur son propre patrimoine des dommages qu'il est susceptible de causer. On a parlé sérieusement de « personnalité électronique ».

Xavier Labbée, www.actu-juridique.fr, 27/09/2021.

5 Identifier les attributs d'une personne : le domicile

★★

Depuis 2019, M. V... est établi à Papeete. Très attaché à la vie de sa commune, il veut s'inscrire sur ses listes électorales. Mais le maire d'abord, puis la commission administrative de Papeete le lui refuse. M. V... dépose alors une réclamation devant le tribunal de première instance de Papeete [aujourd'hui tribunal judiciaire]. Cette juridiction rend un jugement en dernier ressort qui rejette sa demande d'inscription sur la liste électorale de Papeete. M. V... saisit la Cour de cassation contre ce jugement.

1. Quels sont les faits à l'origine de cette affaire ?
2. Quel est le problème de droit posé ?
3. Comment les différentes instances ont-elles répondu à ce problème ?
4. Quelle différence doit-on faire entre les notions de domicile et de résidence secondaire ?
5. En quoi la jurisprudence de la Cour de cassation fournit-elle toujours la règle de droit apportée à la question de la détermination du domicile électoral ?

DOC. 1 Arrêt de la Cour de cassation du 20 février 2020 (extraits)

Selon le jugement attaqué (tribunal de première instance de Papeete, 24 janvier 2020), rendu en dernier ressort, le maire de Papeete a, par décision notifiée le 9 décembre 2019, refusé l'inscription de M. V... sur les listes électorales de cette commune.
Contestant cette décision, M. V..., après le rejet par la commission de contrôle de son recours administratif, a, par requête du 10 janvier 2020, formé un recours contentieux.
Il résulte de l'article L. 11, I, 1° du Code électoral, dans sa rédaction issue de la loi n° 2016-1048 du 1er août 2016, applicable en la cause, que la condition d'habitation d'au moins six mois doit être remplie à la date de dépôt de la demande d'inscription sur les listes électorales communales.
Ayant relevé que ce délai n'était pas acquis à la date de la demande d'inscription de M. V... sur les listes électorales de Papeete, de sorte que ce dernier ne justifiait pas habiter dans cette commune depuis au moins six mois, le tribunal, sans méconnaître les dispositions de l'article L. 11, I, 1° du Code électoral, a, par ces seuls motifs, légalement justifié sa décision.
PAR CES MOTIFS, la Cour : REJETTE le pourvoi [...].

DOC. 2 Les conditions pour être inscrit sur une liste électorale

L'article L. 11, I, 1 du Code électoral fait référence au « domicile réel » dans la commune. La jurisprudence de la Cour de cassation estime que le domicile réel est, au sens de l'article 102 du Code civil, le lieu où la personne a son « principal établissement », c'est-à-dire son lieu d'habitation réel. Le domicile est donc une notion juridique qui présente le double caractère d'unité (on ne peut avoir qu'un seul domicile) et de stabilité. Le demandeur doit démontrer la réalité de son domicile par tout moyen auprès des services de la mairie. [...]
Concernant la résidence, celle-ci se distingue de celle de domicile par deux conditions cumulatives restrictives : la résidence correspond à une situation de fait et résulte du fait d'habiter, au moment de la demande, de manière effective et continue dans la commune et sa durée doit être d'une durée de six mois au moins. [...]
Il convient de relever que la Cour de cassation a considéré dans un arrêt rendu le 11 mars 2010, que l'occupation d'une résidence secondaire n'est pas considérée comme une résidence réelle et continue dès lors que « cette habitation constitue une résidence secondaire dédiée aux temps de loisirs tels que les fins de semaines et les vacances ».

Patrick Lingibe, avocat, www.juritravail.com, 22/01/2020.

6 Se préparer au bac — Qualifier juridiquement une situation et formuler le problème de droit

Pour cette application, vous pouvez vous aider de la fiche méthode 2 et de la fiche méthode 3.

1. Qualifiez juridiquement les faits : recherchez quelles sont les personnes au cœur du litige, quel est le lien juridique qui les réunit et quels sont les faits qui les opposent.
2. Retracez le parcours judiciaire de cette affaire.
3. Formulez le problème de droit : présentez en termes généraux la question qui est posée aux magistrats.
4. Quel est le sens de l'arrêt rendu par la Cour de cassation ?
5. Cette décision vous paraît-elle légitime ?
6. À travers le jugement du tribunal de Valenciennes sur le choix du prénom Nutella, expliquez pourquoi les parents ne sont pas totalement libres du choix du prénom de leur enfant.

DOC. 1 Arrêt de la Cour de cassation (extraits)

Attendu, selon l'arrêt attaqué (cour d'appel de Versailles, 7 octobre 2010), que M. X… a déclaré vouloir prénommer son fils, né le 7 novembre 2009, Titeuf, Grégory, Léo ; que l'officier d'état civil a informé le procureur de la République que le choix du premier prénom, Titeuf, lui paraissait contraire à l'intérêt de l'enfant ; que, sur le fondement de l'article 57 du Code civil, le parquet a fait assigner les parents afin de voir prononcer la suppression du prénom Titeuf ; que, par jugement du 1er juin 2010, le tribunal de grande instance de Pontoise, se fondant sur l'intérêt de l'enfant, a ordonné la suppression du prénom Titeuf de son acte de naissance et dit qu'il se prénommera Grégory, Léo ;
Attendu que M. X… et la mère de l'enfant, Mme Y…, font grief à l'arrêt de confirmer le jugement ;
[…] Mais attendu que c'est par une appréciation souveraine qu'en une décision motivée la cour d'appel a estimé qu'il était contraire à l'intérêt de l'enfant de le prénommer Titeuf ;
PAR CES MOTIFS : REJETTE […]

Arrêt du 15 février 2012 - 1re chambre civile

DOC. 2 Article 57 du Code civil (extrait)

[…] Lorsque ces prénoms ou l'un d'eux, seul ou associé aux autres prénoms ou au nom, lui paraissent contraires à l'intérêt de l'enfant ou au droit des tiers à voir protéger leur nom de famille, l'officier de l'état civil en avise sans délai le procureur de la République. Celui-ci peut saisir le juge aux affaires familiales.
Si le juge estime que le prénom n'est pas conforme à l'intérêt de l'enfant ou méconnaît le droit des tiers à voir protéger leur nom de famille, il en ordonne la suppression sur les registres de l'état civil. Il attribue, le cas échéant, à l'enfant un autre prénom qu'il détermine lui-même à défaut par les parents d'un nouveau choix qui soit conforme aux intérêts susvisés. Mention de la décision est portée en marge des actes de l'état civil de l'enfant.

DOC. 3 Nutella et Titeuf recalés

Selon une circulaire du 30 octobre 2011, les prénoms posant problème sont « ceux ayant une apparence ou une consonance ridicule, péjorative ou grossière » et « ceux difficiles à porter en raison de leur complexité ou de la référence à un personnage déconsidéré dans l'histoire, ou encore de vocables de pure fantaisie ».
Certains cas ne sont pas de nature à provoquer une tempête sous un crâne de juge. En janvier 2015, le tribunal de Valenciennes a refusé qu'une petite fille soit prénommée Nutella. Ses parents ont finalement opté pour Ella. « Pour Nutella, on imagine déjà ce que cela aurait donné dans les cours de récréation… », commente Me Simonnot. En 2012, la Cour de cassation a, elle, jugé qu'appeler son enfant Titeuf, comme le célèbre personnage de BD créé par Zep, risquait « de constituer un réel handicap pour l'enfant lorsqu'il atteindra l'adolescence puis l'âge adulte ».

Vincent Gautier, www.leparisien.fr, 12/11/2018.

Synthèse

SYNTHÈSE AUDIO
liennathan.fr/2p68as

La personnalité juridique

- **Les personnes juridiques**
  - **Personne physique** → Capacité à être **sujets de droit** et d'obligations
  - **Personne morale** → Capacité à être **sujets de droit** et d'obligations
  - Statut de l'**animal** → **Objet** de droit avec un régime de protection

- **Les conséquences de la personnalité juridique**
  - Existence de **droits subjectifs**
    - Droits **patrimoniaux**
    - Droits **extrapatrimoniaux**

- **La distinction des personnes physiques et des personnes morales**
  - **Personne physique :** tout individu → Personnalité juridique de la **naissance** à la **mort** (ou absence ou disparition)
  - **Personne morale** → Personnalité juridique de l'**immatriculation** (ou déclaration) jusqu'à la **dissolution** (et liquidation) et **radiation**
    - **Diversité** des personnes morales
      - De droit privé, à but lucratif : sociétés, GIE
      - De droit privé, sans but lucratif : associations, syndicats
      - De droit public : État, communes, lycées, La Poste…

- **Les attributs de la personnalité juridique**
  - Personne physique
    - Nom, domicile
    - Genre (masculin ou féminin)
  - Personne morale
    - Dénomination, siège social

Rédigez votre synthèse personnelle à l'aide des mots-clés suivants :

- Personnalité juridique
- Personne physique
- Personne morale
- Genre
- Nom/dénomination
- Domicile/siège social
- Statut de l'animal
- Droits patrimoniaux
- Droits extrapatrimoniaux

La capacité et l'incapacité

6

Capacité

- Expliquer les conséquences de l'incapacité juridique d'une personne physique ou morale

Avant la classe

Vidéo : « *Hors Normes*, l'histoire vraie derrière le dernier rôle de Vincent Cassel et Reda Kateb » – Gaumont
liennathan.fr/jmi722

Une personne atteinte d'un handicap lourd vous semble-t-elle apte à agir seule dans la société ?

Situation

LE HANDICAP ET LA CAPACITÉ

Inspiré d'une histoire vraie, le film *Hors Normes*, des réalisateurs Olivier Nakache et Éric Toledano, s'appuie sur les têtes d'affiche Vincent Cassel et Reda Kateb dans la peau de travailleurs sociaux engagés dans un combat inspirant pour s'occuper d'adolescents et de jeunes adultes atteints d'autisme lourd (trouble neurodéveloppemental précoce).
Il nous met face à la difficulté, voire à l'impossibilité, pour certaines personnes, d'exercer ou de défendre leurs droits dans la société.

1 Distinguer la capacité et l'incapacité juridiques

DOC. 1 La capacité des personnes physiques : le principe

Capacité de jouissance	Capacité d'exercice
Aptitude à ÊTRE TITULAIRE de droits	Aptitude à EXERCER ses droits seul et par soi-même
Appartient à tous les individus dès leur naissance et jusqu'à leur décès	Appartient aux individus majeurs
Exemples : droit d'être propriétaire, droit au respect de sa vie privée	*Exemples :* droit d'acheter/de vendre une maison, droit d'agir en justice pour défendre son droit à la vie privée

DOC. 2 L'incapacité des personnes physiques : l'exception

Incapacité de jouissance	Incapacité d'exercice
= Privation de certains droits* • dans un but de PROTECTION *Exemple :* les mineurs (personnes < 18 ans) n'ont en principe pas le droit d'être mariés. • comme SANCTION *Exemple :* retrait de l'autorité parentale à un père violent avec ses enfants	= Inaptitude à exercer seul ses droits • cas des mineurs : plus vulnérables en raison de leur âge • cas des majeurs vulnérables : personnes fragilisées physiquement et/ou psychiquement par le vieillissement, un handicap, une maladie ou un accident

* Aucun individu ne peut être privé de tous ses droits car cela reviendrait à le priver de sa personnalité juridique.

DOC. 3 La protection des majeurs vulnérables

Toute personne dans l'impossibilité de pourvoir seule à ses intérêts en raison d'une altération, médicalement constatée, soit de ses facultés mentales, soit de ses facultés corporelles de nature à empêcher l'expression de sa volonté, peut bénéficier d'une **mesure de protection juridique**. La demande est présentée au juge des contentieux de la protection (JCP) exerçant les fonctions de juge des tutelles des majeurs* accompagnée d'un certificat établi par un médecin inscrit sur la liste du procureur de la République. Selon le cas et en fonction du degré d'altération des facultés, le juge prononcera une mesure de **sauvegarde de justice**, de **curatelle** ou de **tutelle**.

* Le juge peut être saisi par le majeur (à protéger) lui-même, sa famille, son entourage, ses alliés ou le procureur de la République.

DOC. 4 La capacité des personnes morales

La capacité de jouissance des personnes morales est moins étendue que celle des personnes physiques car elle est limitée par le **principe de spécialité**. La personne morale a été créée pour la réalisation d'un **objet bien précis**. C'est pourquoi les personnes morales ont une capacité dite « spéciale », limitée à la réalisation de cet objet. *Exemple :* la société Peugeot ne peut pas vendre de cosmétiques car cette activité est exclue de son objet social. Les personnes morales n'ayant pas d'existence physique, elles n'ont pas de capacité d'exercice en dehors de leur(s) représentant(s).

DOC. 5 L'objet de l'association Le Relais Île-de-France

L'association a une double vocation :
– la prise en charge de personnes en situation de handicap pendant la semaine, les week-ends, les jours fériés et les vacances scolaires ;
– l'aide à la réinsertion sociale et professionnelle d'animateurs, au départ non diplômés, au travers de la prise en charge de personnes en situation de handicap.

www.lerelaisidf.com

Situation

Dans leur film *Hors Normes*, les cinéastes Olivier Nakache et Éric Toledano abordent le sujet de l'autisme, un handicap massif et protéiforme. Bruno (Vincent Cassel) et Malik (Reda Kateb) travaillent depuis vingt ans dans un monde à part, celui des enfants et adolescents autistes. Au sein de leurs deux associations respectives, ils forment des jeunes issus des quartiers difficiles pour encadrer ces cas qualifiés « d'hypercomplexes ». Une alliance hors du commun pour des personnalités hors normes.

Vidéo bonus : *Hors Normes*, film d'Olivier Nakache et Éric Toledano – Bande-annonce
liennathan.fr/k85mq6

1 Identifiez ici les différentes personnes physiques et morales. Situation

2 Parmi les personnes physiques, lesquelles ont la capacité de jouissance ? Documents 1 et 2

3 Quels sont les différents motifs de privation de la capacité de jouissance ? Document 2

4 Quelles sont les deux catégories d'individus frappés d'une incapacité d'exercice ? Documents 2 et 3

5 Quel(s) individu(s) de la situation vous semble(nt) frappé(s) par cette incapacité ? Documents 2 et 3

6 Indiquez l'objet des personnes morales suivantes et donnez un exemple d'un acte qui dépasse leur capacité. Document 4

AIRFRANCE

Auchan

7 Les actes suivants entrent-ils dans la capacité de l'association Le Relais Île-de-France, qui a inspiré les réalisateurs du film ? Documents 4 et 5

a. Former des personnes au métier d'animateur spécialisé.

b. Vendre des véhicules d'occasion.

c. Organiser des séjours adaptés pour les personnes atteintes d'autisme.

Allez plus loin !

Être grand avant l'âge !

Vidéo : Créer son entreprise quand on est mineur – Killian Beauquis Bijoux
liennathan.fr/uu646h

Article : « Émancipation d'un mineur » – service-public.fr
liennathan.fr/8bea35

1 Quels sont les effets de l'émancipation ?

2 Quelles sont les restrictions à la capacité du mineur émancipé ?

3 Quelle est la procédure de l'émancipation ?

4 Quel est l'autre moyen, plus rare, pour un mineur d'obtenir l'émancipation ?

2 Expliquer les conséquences de l'incapacité juridique

DOC. 6 Les deux régimes de protection des mineurs

• **L'administration légale :** le mineur est représenté par ses **deux parents** ou par **l'un d'eux** (en cas de décès de l'autre), titulaire(s) de l'autorité parentale, qui accompli(ssen)t seul(s) les actes d'administration et la plupart des actes de disposition. Pour certains actes de disposition, le JAF (juge aux affaires familiales qui exerce les fonctions de juge des tutelles des mineurs) doit donner son accord (*exemple :* vente d'un immeuble).

• **La tutelle** s'ouvre automatiquement lorsque les deux parents sont privés de l'autorité parentale ou sont décédés. Un tuteur représente le mineur et doit obtenir l'accord du **conseil de famille** (présidé par le **JAF**) pour les actes de disposition.

Dans les deux cas, le mineur peut accomplir seul certains actes relatifs à sa personne (et non à son patrimoine ; *exemple :* consentir à son adoption) ou les **actes courants**, c'est-à-dire de faible incidence sur son patrimoine (*exemple :* acheter un ticket de tramway).

DOC. 7 La classification des actes relatifs au patrimoine

Actes d'administration : actes de gestion courante, de mise en valeur ou d'exploitation du patrimoine, sans atteinte au capital. *Exemples :* travaux d'entretien d'un immeuble, conclusion d'un contrat d'assurance, d'un bail d'habitation, perception des revenus.

Actes de disposition : actes « graves » parce qu'ils modifient la composition du patrimoine. Ils peuvent avoir pour effet de diminuer sa valeur. *Exemples :* vente d'un immeuble, emprunt bancaire, donation.

DOC. 8 La représentation : solution à l'incapacité d'exercice

La représentation peut se définir comme l'**exercice** du pouvoir dont une personne, le représentant, est investie afin d'agir pour le compte d'une autre personne, le représenté.

DOC. 9 Les régimes de protection judiciaire des majeurs vulnérables

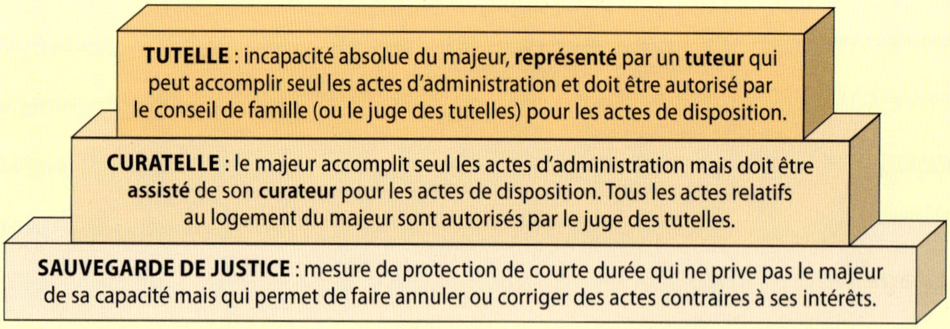

DOC. 10 L'habilitation familiale

L'habilitation familiale permet à un proche (descendant, ascendant, frère/sœur…), avec l'accord des membres de la famille, de représenter un majeur incapable de manifester sa volonté dans tous les actes de la vie ou certains seulement, selon son état. Une fois le proche désigné par le juge, celui-ci n'intervient plus.

DOC. 11 La représentation des personnes morales

Les personnes morales ne peuvent pas tenir un stylo et signer un contrat. Leur capacité est donc exercée par les personnes physiques habilitées à les représenter. *Exemples :* le président d'une société ou d'une association.

Situation

Valentin est un mineur atteint d'autisme sévère. Ses parents sont divorcés ; sa mère est hospitalisée et son père est dépassé par la maladie de leur fils. Il est admis dans un hôpital après avoir été exclu de plusieurs institutions spécialisées.
Joseph, âgé de 23 ans, est également atteint d'autisme. Il peut toutefois prendre les transports en commun mais ne peut s'empêcher de tirer le signal d'alarme.

8 Jusqu'à sa majorité, à quel régime de protection des mineurs Valentin est-il soumis ? Justifiez. — Document 6

9 Après les avoir qualifiés, indiquez les actes qu'un mineur peut, en principe, faire seul : **a.** Souscrire une assurance pour un scooter ; **b.** Acheter un téléphone portable à 650 € ; **c.** Vendre des vêtements d'occasion à une amie (valeur : 50 €). — Documents 6, 7 et 8

10 Pour Joseph, quel régime de protection vous semble adapté ? — Document 9

11 Indiquez les régimes de protection qui conviennent aux cas suivants :
a. Femme divorcée de 42 ans souffrant de troubles bipolaires légers ; **b.** Homme veuf de 73 ans atteint des premiers signes de la maladie d'Alzheimer ; **c.** Jeune homme en coma profond suite à un accident de la circulation. — Document 9

12 Pour les actes suivants, le tuteur d'un majeur doit-il obtenir l'autorisation du juge des tutelles ? Répondez par oui ou par non.
a. Vendre un terrain ; **b.** Acheter des habits, de la nourriture ; **c.** Faire réparer une chaudière ; **d.** Louer un appartement. — Documents 7 et 9

13 Quels sont les avantages de l'habilitation familiale ? — Document 10

Situation

L'éducateur Daoud Tatou – qui a inspiré le rôle de Malik, incarné par Reda Kateb dans *Hors Normes* – accompagne depuis plus de vingt ans des jeunes autistes. Il a fondé l'association Tes Vacances dont le président est aujourd'hui Samuel Reslinger.

14 Qui signe les contrats conclus par l'association Tes Vacances ? — Documents 8 et 11

Allez plus loin !

Choisir soi-même son ange gardien...

Article : « Le mandat de protection future » – www.officeducarre.notaires.fr
liennathan.fr/76rdj5

1 Distinguez le mandat de protection future « pour soi-même » et « pour autrui ».

2 Quand le mandat prend-il effet ? (Distinguez les deux types de mandat.)

Applications

QUIZ liennathan.fr/a284qj

1 Maîtriser des notions et du vocabulaire juridiques

Indiquez la (ou les) proposition(s) correcte(s).

1. Capacité juridique de jouissance
- ☐ Appartient à tous les individus
- ☐ Aptitude à être titulaire de droits
- ☐ Aptitude à exercer ses droits
- ☐ Ex. : vendre une maison
- ☐ Ex. : avoir droit au respect de sa vie privée

2. Capacité juridique d'exercice
- ☐ Appartient à tous les individus sans exception
- ☐ Appartient aux individus majeurs sauf aux personnes vulnérables
- ☐ Appartient aux personnes morales
- ☐ Aptitude à être titulaire de droits
- ☐ Aptitude à exercer ses droits
- ☐ Ex. : vendre une maison
- ☐ Ex. : avoir droit au respect de sa vie privée

3. Acte grave modifiant la composition du patrimoine
- ☐ Acte d'administration
- ☐ Acte de naissance
- ☐ Acte de disposition

4. Mesures de protection des majeurs vulnérables
- ☐ Repris de justice
- ☐ Cure thermale
- ☐ Curatelle
- ☐ Tutoriel
- ☐ Tutelle
- ☐ Sauvegarde de justice
- ☐ Habilitation familiale

5. Régime d'incapacité absolue du majeur vulnérable
- ☐ Tutelle
- ☐ Sauvegarde de justice
- ☐ Curatelle

6. Exercice du pouvoir dont une personne est investie pour le compte d'une autre
- ☐ Personnification
- ☐ Représentation
- ☐ Réincarnation

2 Identifier les composantes de la capacité juridique

★

1. Indiquez si les éléments ci-dessous correspondent à la mise en œuvre de la capacité de jouissance ou de la capacité d'exercice.
- Vivre dans son appartement
- Avoir l'autorité parentale sur son enfant mineur
- Vendre sa maison
- Agir en justice contre son voisin indiscret
- Se marier
- Être héritier de son père décédé
- Donner une somme d'argent à sa petite-fille
- Accepter la succession de son père décédé

2. Montrez que la capacité de jouissance des mineurs n'est pas pleine et entière.

3 Expliquer les conséquences de l'incapacité du mineur

★

Justin M., 15 ans, a récemment acheté en boutique une trottinette électrique pour un montant de 439 €. Ses parents s'étonnent que le vendeur n'ait pas exigé leur autorisation et veulent faire annuler la vente.

1. À quelle catégorie d'actes relatifs au patrimoine appartient l'achat d'une trottinette électrique ? la souscription d'un abonnement téléphonique ?

2. Quel type d'acte un mineur peut-il passer seul ?

3. À quelle condition un acte courant accompli par un mineur peut-il être annulé ?

4. Rédigez la lettre de demande d'annulation de l'achat de la trottinette électrique et de remboursement du prix, à adresser au cocontractant de Justin.

DOC. 1 Demande d'annulation d'un contrat conclu par un mineur

Votre enfant, mineur non émancipé, a acheté en boutique ou sur Internet une console de jeux ou souscrit un forfait de téléphonie mobile. Le contrat n'est pas nul de plein droit, mais vous pouvez le contester si, par sa nature ou son prix, il n'est pas compatible avec l'âge et les moyens financiers de votre enfant.
Tout est question de mesure, et il sera plus facile d'obtenir l'annulation d'achat d'une console de 150 euros effectué par un enfant de 12 ans que celui de l'abonnement téléphonique souscrit par un jeune de 16 ans, surtout s'il est titulaire d'un compte bancaire. [...]

« Vous demandez l'annulation d'un contrat passé par votre enfant mineur, ainsi que le remboursement de son achat », www.inc-conso.fr.

DOC. 2 Code civil (extraits)

Article 1146 – Sont incapables de contracter, dans la mesure définie par la loi :
1° Les mineurs non émancipés ; 2° Les majeurs protégés au sens de l'article 425.
Article 1148 – Toute personne incapable de contracter peut néanmoins accomplir seule les actes courants autorisés par la loi ou l'usage, pourvu qu'ils soient conclus à des conditions normales.
Article 1149 – Les actes courants accomplis par le mineur peuvent être annulés pour simple lésion*. [...]

* Déséquilibre dans les prestations des parties. *Exemple :* vente d'un objet à un prix plus bas que sa valeur.

4 Identifier les pouvoirs du représentant légal d'un mineur

★★

Maxence B., 12 ans, vient de perdre son père, Paul, décédé dans un accident de quad. Maxence vit avec Nadine, sa mère, qui l'a élevé seule suite au départ de Paul quelques mois après la naissance de Maxence. Ce dernier est l'unique héritier de Paul, mais il ignore tout du patrimoine de son père au jour de son décès étant donné l'absence de vie commune.

1. Dans cette situation, de quelle capacité Maxence dispose-t-il ? Laquelle n'a-t-il pas ?
2. Qui est le représentant légal de Maxence ?
3. Quelles options successorales doivent être autorisées par le juge des tutelles ? Pourquoi ?
4. Donnez des exemples d'actes que le représentant légal de Maxence peut accomplir seul.

DOC. 1 Quelles sont les trois options s'offrant aux héritiers ?

L'héritier a le choix, il peut décider :
- d'accepter de façon pure et simple la succession ;
- de l'accepter à concurrence de l'actif net [c'est-à-dire après inventaire des biens et dettes composant la succession, permettant de vérifier que les dettes ne sont pas supérieures aux biens] ;
- d'y renoncer.

www.heritage-succession.com

DOC. 2 Comment régler une succession lorsque l'héritier est mineur ?

Lorsque l'héritier est mineur, la procédure de règlement de la succession est différente selon l'option successorale choisie. Lorsque le représentant légal accepte purement et simplement la succession ou y renonce, il doit obtenir l'autorisation du JAF (juge aux affaires familiales) exerçant les fonctions de juge des tutelles des mineurs. Cette autorisation n'est pas nécessaire en cas d'acceptation à concurrence de l'actif net.

www.service-public.fr

5 Identifier les différentes mesures de protection judiciaire des majeurs et leurs conditions d'ouverture

★

1. Complétez les articles du Code civil ci-dessous avec les termes suivants :

représentée de manière continue – assistée ou contrôlée – la sauvegarde de justice
l'expression de sa volonté – altération – corporelles

2. Quelle mesure prive totalement un majeur de sa capacité d'exercice ?

Article 425 du Code civil – Toute personne dans l'impossibilité de pourvoir seule à ses intérêts en raison d'une ……a……, médicalement constatée, soit de ses facultés mentales, soit de ses facultés ……b…… de nature à empêcher ……c…… peut bénéficier d'une mesure de protection juridique prévue au présent chapitre. [...]

Article 440 du Code civil – La personne qui, sans être hors d'état d'agir elle-même, a besoin, pour l'une des causes prévues à l'article 425, d'être ……d…… dans les actes importants de la vie civile peut être placée en curatelle. La curatelle n'est prononcée que s'il est établi que ……e…… ne peut assurer une protection suffisante. La personne qui, pour l'une des causes prévues à l'article 425, doit être ……f…… dans les actes de la vie civile, peut être placée en tutelle. La tutelle n'est prononcée que s'il est établi que ni la sauvegarde de justice, ni la curatelle ne peuvent assurer une protection suffisante.

6 Identifier les conséquences de la tutelle des majeurs

★★

Une femme est placée sous tutelle, l'UDAF (Union des associations familiales) étant désignée comme tutrice, et sa résidence est fixée dans un établissement d'hébergement pour personnes âgées dépendantes. Le frère de la majeure sollicite le changement de résidence de sa sœur pour lui permettre de rejoindre son domicile. Le juge des tutelles (JCP) refuse après audition de la majeure. Cette dernière et son frère interjettent appel. La Cour d'appel rejette la demande de changement de lieu de résidence de la majeure protégée. Son frère se pourvoit en cassation au motif qu'en appel, sa sœur n'était pas représentée par son tuteur et non comparante.

1. Qui est l'auteur du pourvoi en cassation ? Que souhaite-t-il obtenir ?
2. Quelle est la décision de la Cour de cassation ? Justifiez cette décision en vous appuyant sur les articles du document 2.

DOC. 1 Arrêt de la Cour de cassation du 13 juillet 2022 (n° 21-10.030)

Réponse de la Cour

Il résulte de la combinaison des articles 1239 du Code de procédure civile, 430 et 459-2, alinéa 1er, du Code civil que la personne sous tutelle peut exercer seule le droit de former appel des décisions du juge des tutelles statuant sur sa résidence. C'est donc à bon droit que la cour d'appel a statué sur la demande de changement de résidence de la majeure protégée, après avoir constaté que celle-ci, non comparante à l'audience, n'était pas représentée par son tuteur. […]
PAR CES MOTIFS, la Cour : REJETTE le pourvoi […]

DOC. 2 Ce que dit la loi

Article 459-2 du Code civil
La personne protégée choisit le lieu de sa résidence. […]
En cas de difficulté, le juge ou le conseil de famille s'il a été constitué statue.
Article 1239 du Code de procédure civile
Sauf disposition contraire, les décisions du juge des tutelles […] sont susceptibles d'appel.
[…] l'appel est ouvert aux personnes [majeures vulnérables] même si elles ne sont pas intervenues à l'instance.

7 Se préparer au bac — Exploiter les documents juridiques : comprendre la décision de justice

Pour cette application, vous pouvez vous aider de la fiche méthode 6.

1. Identifiez l'auteur du pourvoi en cassation et l'objet de sa demande.
2. Quelle juridiction est intervenue au second degré ? Quelle solution a-t-elle retenue ?
3. À quelle question de droit la Cour de cassation a-t-elle dû répondre ?
4. Selon la Cour de cassation, la juridiction du second degré a-t-elle correctement appliqué le droit ? Justifiez.

DOC. 1 Cour de cassation – Arrêt du 18 mars 2020 (extraits)

Faits et procédure

1. Selon l'arrêt attaqué (Bordeaux, 26 avril 2018), Mme D..., née le [...], a été placée sous curatelle renforcée par jugement du 18 décembre 2015.

2. Par requête du 25 janvier 2016, elle a saisi le juge des tutelles d'une demande de mainlevée de la mesure.

Examen des moyens

Sur le premier moyen

Énoncé du moyen

3. Mme D... fait grief à l'arrêt de rejeter sa demande de mainlevée de la mesure de protection, alors :

« 1°/ que la curatelle suppose une double condition soit, d'une part, une altération des facultés mentales ou corporelles de l'intéressé et, d'autre part, la nécessité pour celui-ci d'être conseillé ou contrôlé dans les actes de la vie civile ; que la cour d'appel qui n'a pas constaté que Mme D... avait besoin d'être conseillée ou assistée d'une manière continue pour l'accomplissement de ces actes, a privé sa décision de base légale au regard de l'article 440 du Code civil ; [...] »

Réponse au moyen

4. Ayant relevé d'une part que, selon l'expert, Mme D... souffrait d'un léger déficit de la mémoire et des capacités d'attention et de concentration, que ses facultés de raisonnement et de jugement étaient susceptibles d'être influencées par une certaine dépendance affective, existant du fait de son douloureux passé, et que cette détérioration modérée la rendait vulnérable et suggestible, parfois même incohérente, d'autre part, que, selon les observations du curateur, elle était encore influençable et dépensait trop, ce dont elle a déduit que l'intéressée continuait de présenter une altération des facultés mentales, d'avoir besoin d'être conseillée ou assistée d'une manière continue pour l'accomplissement des actes de la vie civile et qu'elle était inapte à percevoir ses revenus et à en faire une utilisation normale, la cour d'appel [...] a légalement justifié sa décision au regard des conditions posées par les articles 440 et 472 du Code civil.

PAR CES MOTIFS, la Cour :

REJETTE le pourvoi ; [...]

DOC. 2 Code civil (extraits)

Article 440 – La personne qui, sans être hors d'état d'agir elle-même, a besoin, pour l'une des causes prévues à l'article 425, d'être assistée ou contrôlée d'une manière continue dans les actes importants de la vie civile peut être placée en curatelle.

La curatelle n'est prononcée que s'il est établi que la sauvegarde de justice ne peut assurer une protection suffisante. [...]

Article 472 – Le juge peut également, à tout moment, ordonner une curatelle renforcée. Dans ce cas, le curateur perçoit seul les revenus de la personne en curatelle sur un compte ouvert au nom de cette dernière. Il assure lui-même le règlement des dépenses auprès des tiers et dépose l'excédent sur un compte laissé à la disposition de l'intéressé ou le verse entre ses mains. [...]

Synthèse

SYNTHÈSE AUDIO
liennathan.fr/267bnk

La capacité et l'incapacité

La capacité et l'incapacité juridiques

- **Capacité de jouissance**
  Aptitude à être titulaire de droits
  → **Capacité d'exercice**
  Aptitude à exercer ses droits seul et par soi-même
- **Incapacité de jouissance**
  Inaptitude à être titulaire de droits
  → Mineurs : protection
  → Majeurs : sanction
- **Incapacité d'exercice**
  Inaptitude à exercer seul ses droits
  → Protection : • des mineurs • des majeurs vulnérables

Les conséquences de l'incapacité

- **Mineur**
  - **Administration légale :** représenté par son ou ses parents, dans certains cas avec autorisation du juge
  - **Tutelle :** représenté par son tuteur avec autorisation du conseil de famille pour les actes de disposition
  - → Mineurs capables pour les actes courants
- **Majeur vulnérable**
  - **Sauvegarde de justice :** protection sans perte de capacité : actes défavorables au majeur annulables
  - **Curatelle :** incapacité d'exercice partielle : le majeur est assisté d'un curateur pour les actes de disposition.
  - **Tutelle :** incapacité d'exercice totale : le majeur est représenté par un tuteur pour tous les actes.
  - → (Curatelle, Tutelle) Pour certains actes importants, l'autorisation du juge (ou du conseil de famille) est nécessaire.
  - **Habilitation familiale :** le majeur est représenté par un proche avec l'accord de sa famille.

Rédigez votre synthèse personnelle à l'aide des mots-clés suivants :

- Capacité
- Incapacité
- Actes d'administration
- Actes de disposition
- Administration légale
- Juge des tutelles (JAF/JCP)
- Tutelle/tuteur
- Sauvegarde de justice
- Curatelle/curateur
- Habilitation familiale
- Représentation

7
Le patrimoine

Capacités
- Distinguer entre les biens corporels et les biens incorporels
- Distinguer entre les droits patrimoniaux et les droits extrapatrimoniaux

Avant la classe

Vidéo : « La place de l'immobilier dans le patrimoine des Français » – BFM Business (jusqu'à 2'43)
liennathan.fr/au25h2

- **Quel pourcentage de la population détient 92 % du patrimoine immobilier en France ?**
- **Quelles sont les raisons qui poussent à la constitution d'un patrimoine immobilier ?**

Situation

À sa mort, le 19 février 2019, la presse a unanimement rendu hommage au couturier Karl Lagerfeld, directeur artistique de la maison de couture Chanel. Sa disparition marque, selon certains, la fin d'une histoire qui a hissé la marque de luxe française au sommet. Créateur de mode, Karl Lagerfeld laisse derrière lui une « image iconique » et un patrimoine estimé selon la presse à près de 145 millions d'euros.

1 Distinguer les éléments composant le patrimoine

DOC. 1 Une définition juridique du patrimoine

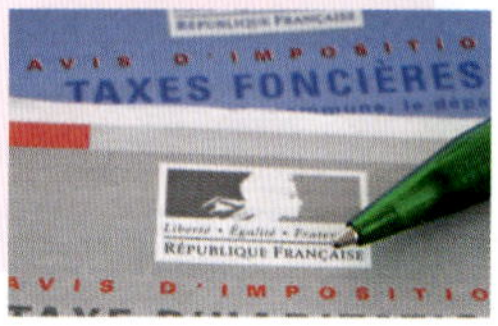

Parler du patrimoine d'une personne, c'est parler communément de ce que la personne possède à l'actif (maison, voiture, épargne, etc.) et de ce qu'elle doit au passif (impôts, emprunt immobilier, etc.).
Dans le langage juridique, le terme « patrimoine » désigne l'ensemble des droits et obligations pécuniaires (dettes) dont une personne est titulaire. Ces droits peuvent porter sur des biens corporels ou incorporels. Par principe, en droit français, une personne (physique ou morale) n'a qu'un patrimoine, qui constitue l'un des attributs de sa personnalité.

DOC. 2 La composition du patrimoine

Les **biens corporels** (que l'on peut toucher) peuvent être meubles (si on peut les déplacer, ex. : une caravane) ou immeubles (s'ils sont fixés au sol ; ex. : une maison).
Les **biens incorporels** (que l'on ne peut pas toucher) meubles ou immeubles sont les droits qui portent sur des meubles (ex. : une part de société) ou des immeubles (ex. : une action en justice pour revendiquer un immeuble).

Biens – Dettes = Patrimoine

Les personnes disposent d'un ensemble de droits patrimoniaux (évaluables en argent).

- Droits réels qui portent sur une chose (ex. : droit de propriété)
- Droits personnels (ex. : droit d'exiger la remise d'une somme d'argent ou la réalisation d'une prestation)
- Droits intellectuels (ex. : droit d'un auteur sur son œuvre)

DOC. 3 Une conséquence de la distinction entre biens corporels et biens incorporels

La distinction entre biens corporels et biens incorporels en droit est nécessaire. Les régimes juridiques qui leur sont applicables peuvent en effet différer. Il en est ainsi du régime du droit de propriété. Si la propriété des biens corporels ne se perd pas par le non-usage, il n'en va pas de même pour la propriété d'un bien incorporel, comme la marque. L'article L714-5 du Code de la propriété intellectuelle prévoit, en effet, que le propriétaire de la marque « encourt la déchéance de ses droits [...] s'il n'en a pas fait un usage sérieux [...] pendant une période ininterrompue de cinq ans ».

DOC. 4 La marque, un bien incorporel de poids

Les biens incorporels, tels que la marque, n'ont pas de réalité ou de consistance matérielle. Ils ont néanmoins une valeur économique certaine qui s'inscrit dans le patrimoine de leur propriétaire. Ainsi, dans son classement publié en octobre 2022, le cabinet Brand finance précise qu'avec une valeur de 15,3 milliards de dollars, la marque Chanel est la quatrième marque de vêtements la plus valorisée, juste derrière Louis Vuitton et Gucci.

Situation

Karl Lagerfeld restait très discret sur sa vie privée. Image de la maison Chanel qui lui versait un important salaire, Karl Lagerfeld tirait aussi ses revenus de contrats conclus avec différentes entreprises comme Coca-Cola, Dupont, etc. En 1999, un redressement fiscal et une dette de 30 millions d'euros réclamée par le fisc français avaient levé le voile sur son patrimoine réparti dans de nombreuses demeures. Depuis son décès, une partie du patrimoine, composée notamment de dessins, de photos, d'œuvres d'art, de propriétés immobilières, de meubles anciens et d'une immense bibliothèque de près de 300 000 ouvrages, a fait l'objet de plusieurs ventes aux enchères. L'une d'entre elles, organisée à Monaco en décembre 2021, a permis la vente de plus de 580 lots, pour la somme de 12 millions d'euros.

1 Repérez les différents biens qui ont composé l'actif du patrimoine de Karl Lagerfeld. Document 1

2 Recopiez et complétez le tableau ci-dessous en distinguant les éléments de l'actif du patrimoine. Document 2

Biens corporels	Biens incorporels

3 Quel élément a fait partie du passif du patrimoine de Karl Lagerfeld ? Document 2

4 Identifiez l'objet des droits réels qui composaient le patrimoine de Karl Lagerfeld. Document 2

5 Identifiez l'objet des droits personnels qui composaient le patrimoine de Karl Lagerfeld. Document 2

6 Identifiez l'objet des droits intellectuels qui composaient le patrimoine de Karl Lagerfeld. Document 2

7 Quelle est la nature juridique de la marque Chanel ? En quoi constitue-t-elle un élément important du patrimoine de ses propriétaires ? Documents 3 et 4

8 Pourquoi le détenteur d'une marque comme Chanel a-t-il intérêt à l'exploiter de façon continue ? Document 4

Allez plus loin !

Candidats à la présidentielle : un patrimoine scruté à la loupe !

Vidéo : Présidentielle : les déclarations de patrimoine et d'intérêt des 12 candidats – Le Point
liennathan.fr/6z4iq6

1 Que doivent communiquer les douze candidats à l'élection présidentielle à la Haute Autorité pour la transparence de la vie publique ?

2 À votre avis, pour quelles raisons sont-ils soumis à une telle obligation ?

3 Citez les candidats titulaires : de droits réels ; de droits personnels.

4 Pourquoi peut-on dire que les droits portant sur les biens déclarés sont patrimoniaux ?

2 Identifier les caractères des droits patrimoniaux

DOC. 5 Les caractères des droits patrimoniaux

Les droits patrimoniaux, évaluables en argent, possèdent plusieurs caractéristiques particulières. Ils sont en effet :
– **transmissibles :** ils peuvent être transmis à une autre personne par voie successorale (ex. : un héritage) ;
– **cessibles :** ils peuvent faire l'objet d'une cession entre personnes vivantes (ex. : la vente d'une maison ou la donation d'une somme d'argent) ;
– **saisissables :** ils peuvent faire l'objet d'une saisie par un créancier non payé ;
– **prescriptibles :** à l'exception de la propriété des biens corporels, ils peuvent être perdus par suite de l'inaction de leur titulaire pendant une certaine durée (ex. : une dette non réclamée).

DOC. 6 Transmettre ses biens

Le droit français, dans ses articles 720 et suivants du Code civil, règle les conséquences patrimoniales du décès d'une personne. Pour la rédaction de son testament, Karl Lagerfeld a eu ainsi la possibilité de léguer sa fortune à une personne (morale ou physique) assortie de certaines conditions. C'est ainsi que la gouvernante du couturier a été désignée bénéficiaire d'une partie de son héritage. Celle-ci a reçu une maison ainsi qu'une grosse somme d'argent ; une attribution assortie de l'obligation de prendre soin de la célèbre chatte Choupette.

DOC. 7 Karl Lagerfeld, collectionneur

[De son vivant, Karl Lagerfeld déclarait avoir toujours aimé l'art] : « J'ai eu des œuvres de Basquiat, de Warhol, mais je les ai données : je pensais qu'ils ne dureraient pas. » [Collectionneur, il n'hésitait pas à se séparer de certaines de ses collections dont il était lassé]. Cette boulimie d'objets semble l'avoir toujours accompagné. [...] « Je ne vends pas aux enchères pour des raisons financières ou spéculatives, mais simplement parce que c'est pratique. Après avoir possédé tant de choses, j'ai pris conscience d'une réalité difficile à expliquer : si on aime vraiment les objets, on n'en a plus besoin. »

Élodie Palasse-Leroux, « Aux enchères, Lagerfeld collectionnait les *flops* », www.slate.fr.

DOC. 8 Le patrimoine face aux huissiers

Des créances impayées suite à des difficultés financières, une décision de justice condamnant au règlement des sommes dues sont les raisons principales qui peuvent conduire un huissier à se rendre au domicile d'un débiteur pour procéder à la saisie de ses biens. Après un inventaire du patrimoine du débiteur, ses éléments pourraient, en effet, faire l'objet d'une vente qui permettra le règlement des sommes dues. À l'exception, notamment, des meubles lui permettant de vivre (lit, table à manger...) et d'une somme d'argent minimale équivalente au revenu de solidarité active.

DOC. 9 Une application du principe de prescription

Depuis la loi ALUR, pour régir et obtenir le règlement de loyers impayés, le propriétaire dispose d'un délai de 3 ans. Au-delà, le bailleur négligent perd le droit de réclamer les sommes dues par le locataire.

Situation

[...] L'ancien directeur artistique des maisons Chanel et Fendi a bien rédigé de sa main ses dernières volontés avant de les faire enregistrer chez un notaire monégasque. Elles concernent un patrimoine imposant estimé à 200 millions d'euros, composé de biens immobiliers (dont un appartement et une librairie à Paris, un pied-à-terre à Monaco), du mobilier design, des placements, sans oublier sa propre marque, fondée en 1984, en plein développement.

Marc Fourny, www.lepoint.fr, 04/06/2020.

9 Quel caractère des droits patrimoniaux permettait à Karl Lagerfeld d'envisager la répartition de son patrimoine après son décès ? Document 5

10 À travers l'exemple du testament de Karl Lagerfeld, montrez qu'un héritage peut être composé à la fois de droits et d'obligations. Document 2

11 Quel caractère des droits patrimoniaux sur ses biens meubles Karl Lagerfeld a-t-il souvent mis en œuvre ? De quelle(s) manière(s) ? Document 7

12 Pourquoi peut-on dire des droits patrimoniaux qu'ils sont une « garantie des créanciers » ? Documents 5 et 8

13 Quelle est la limite du caractère saisissable du patrimoine ? Document 8

14 Si, au moment de son décès le 19 février 2019, Karl Lagerfeld était redevable de loyers impayés, jusqu'à quand le propriétaire pourrait-il les réclamer ? Document 9

15 D'après vous, comment se justifie cette règle de prescription des droits patrimoniaux ? Document 9

Allez plus loin !

Devenir propriétaire ... gratuitement ?

Vidéo et Article : Parlons peu, parlons droit : l'usucapion – *Le Figaro*
liennathan.fr/487jbm

1 Qu'appelle-t-on « usucapion » ou « prescription acquisitive » ?

2 À quel type de bien cela s'applique-t-il ?

3 Citez les trois conditions à remplir pour en bénéficier.

Applications

QUIZ
liennathan.fr/mwe634

1 Maîtriser le vocabulaire juridique

Indiquez les mots issus du vocabulaire juridique correspondant aux définitions ci-dessous.

Verticalement

1. Qualifie les droits pouvant faire l'objet d'une vente ou d'une donation.
2. Qualifie les droits et biens que l'on ne peut pas toucher.
3. Ensemble des droits et des obligations pécuniaires (évaluables en argent) d'une personne.
4. Qualifie les biens corporels qui peuvent être déplacés ou se déplacer eux-mêmes.

Horizontalement

5. Ensemble des droits et biens du patrimoine d'une personne.
6. Qualifie tous les droits évaluables en argent (permet de s'acquitter du passif).
7. Sommes d'argent ou obligations dues à un créancier.
8. Qualifie les droits pécuniaires portant sur une chose (« res »).

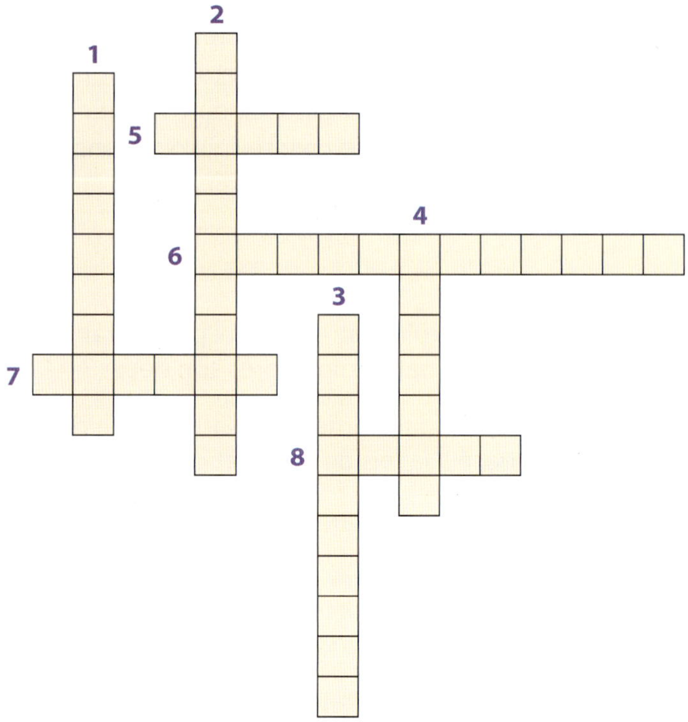

2 Distinguer les droits patrimoniaux et les droits extrapatrimoniaux

★

Pour chacune des situations ci-dessous, indiquez si elle évoque un droit patrimonial ou un droit extrapatrimonial.

a Marouane est ravi. Il sait qu'à partir du 28 mars, il aura le droit de vote.
b Camille a prêté 100 € à Bastien pour qu'il puisse prendre son prochain billet de train.
c Kyllian a acheté un appartement à Cassis dont il est désormais propriétaire.
d Maxime a demandé au journal du lycée de ne pas diffuser les photos de lui prises à son insu.
e Kerian fait la grève devant l'entreprise de fabrication de costumes de théâtre pour laquelle il travaille depuis deux ans.
f Arnaud vient de publier une bande dessinée dont il a fait les dessins.
g La banque a accordé un prêt à Ilham pour l'achat d'un véhicule.
h Pierre et Louise ont fêté leurs 25 ans. Ils ont décidé de se marier en juin prochain.

3 Déterminer la composition du patrimoine d'une personne

★

[...] L'attaquant français brille par son talent et sa précocité. [...] Kylian Mbappé est aussi devenu une marque à part entière, avec un site dédié, des sponsors prêts à débourser des millions pour [...] profiter de son image.

Entrepreneur, le jeune footballeur vend déjà des casquettes à ses initiales. Mécène, il offre ses primes [...] à une association et n'oublie pas la ville qui l'a vu grandir, Bondy, en Seine-Saint-Denis.

Selon le magazine *Forbes*, en 2021, il était le quatrième footballeur le mieux payé au monde, grâce à des revenus sportifs et extra-sportifs atteignant [...] 40,7 millions d'euros sur l'année écoulée. [...]

L'attaquant du PSG a emménagé en 2017 dans un appartement de 600 m², selon *Le Parisien*. [...]. Selon une étude de la boutique en ligne de pièces automobiles détachées Carpardoo, [...] le jeune footballeur avait la voiture la plus chère parmi les joueurs de Ligue 1 les mieux rémunérés en avril 2019. Une Ferrari à la valeur indicative de 486 005 euros. Le tout sans avoir le permis de conduire. [...]

Thomas Chenel et Lukas Lourel, www.capital.fr, 06/05/2022.

1. Quelle est la composition du patrimoine de Killian Mbappé cité dans l'article ?
2. Distinguez les éléments corporels et les éléments incorporels le composant.
3. Distinguez les biens meubles et les biens immeubles le composant.

4 Distinguer biens meubles et immeubles : la particularité des immeubles par destination

★★

Titulaire d'un BTS Agricole, Sergio vient de passer deux ans dans une exploitation de vaches laitières en Normandie. Décidé à s'installer dans cette région, il est à la recherche d'une exploitation à acheter. Il pense avoir trouvé le bien idéal : une habitation de 180 mètres carrés sur deux niveaux, un local de traite des vaches d'environ 400 mètres carrés pour les animaux, des appentis, un tracteur, des machines de traite, des outils de nettoyage, 44 vaches. Malgré de nombreuses discussions, Albert, l'agriculteur vendeur, accepte de céder ses terres ainsi que les bâtiments, mais refuse toujours de vendre les matériels et machines et les 44 vaches. Sergio explique à Albert que l'achat des immeubles (terrains et bâtiments) servant à l'exploitation implique normalement l'achat des vaches et de tout le matériel nécessaire à l'exploitation.

1. Parmi les biens de l'exploitation que Sergio souhaite acheter, distinguez les biens meubles par nature et les biens immeubles.
2. Quelle qualification particulière la loi attache-t-elle à certains biens meubles rattachés à un bien immeuble ? Pour quelles raisons ?
3. Pour quelles raisons Albert devrait-il logiquement vendre son matériel et ses vaches ?

DOC. **Article 524 du Code civil (extrait)**

Les objets que le propriétaire d'un fonds [terrain] y a placés pour le service et l'exploitation de ce fonds sont immeubles par destination.
Les animaux que le propriétaire d'un fonds y a placés aux mêmes fins sont soumis au régime des immeubles par destination [...].

5 Identifier le caractère transmissible des droits patrimoniaux

★

[...] À votre décès, vos biens seront répartis selon un ordre précis. Si vous avez des enfants, ce sont eux et votre conjoint qui se partageront votre héritage. À défaut, ce sont les autres membres de votre famille (parents, frères et sœurs, cousins et cousines, etc.) qui hériteront. Et si vous n'avez aucune famille, c'est l'État qui récupérera tout.

Vous pouvez toutefois prendre des dispositions pour répartir vos biens différemment entre vos proches. La seule limite à votre liberté est de respecter la « réserve héréditaire », c'est-à-dire de ne pas priver vos enfants et votre conjoint de la part d'héritage que la loi leur réserve. [...] Vos héritiers se retrouveront propriétaires collectivement de votre patrimoine. Cette indivision successorale ne sera pas simple à gérer, car la plupart des décisions nécessiteront l'accord d'au moins deux tiers des indivisaires, et les décisions les plus importantes imposeront un accord unanime. [...]

Olivier Puren, www.quechoisir.org, 01/03/2022.

1. Quel est le problème posé par la transmission de patrimoine d'après l'article ?
2. Quelles sont les dispositions particulières prévues par le Code civil ?
3. Quel est ainsi, à votre avis, l'avantage d'un testament ?

6 Identifier le caractère saisissable des droits patrimoniaux

★

C'est une vente aux enchères un peu particulière qui a eu lieu [...] à Marseille. L'État a vendu [...] des biens confisqués lors de procédures judiciaires. La vente a été organisée pour le compte de l'Agrasc (Agence de gestion et de recouvrement des avoirs saisis et confisqués). Tous les objets proposés ont été saisis à des malfaiteurs et des délinquants [...].

De la paire d'écouteurs AirPods à la Ferrari Modena en passant par des sacs de marque, plus de 200 biens ont été mis aux enchères. Un bateau, « saisi en Corse dans une affaire de détournement de fonds publics », a même fait partie du catalogue. Prix de départ : 70 000 euros. [...] L'argent récolté lors des ventes est ensuite réutilisé par l'État, pour financer « un certain nombre de fonds, de la réinsertion. [...] »

Laurène Rocheteau, Cindy Chevaux et Gauthier Hartmann, www.bfmtv.com, 05/10/2022.

1. Qui est à l'origine de la vente organisée à Marseille ?
2. Quelle est la nature de la vente organisée ?
3. Quel caractère des droits patrimoniaux est mis en œuvre dans cette situation ? Expliquez.

7 Identifier le caractère prescriptible des droits patrimoniaux

★★

Vincent travaille pour Gelati, un fabricant de glaces artisanales, depuis cinq ans. Il y a quelques semaines, il a décidé de réclamer à son employeur le règlement de 136 heures supplémentaires effectuées la première année de son contrat. Son employeur refuse et lui explique qu'il fallait le demander plus tôt.

1. Que réclame Vincent à son employeur ?
2. Comment qualifie-t-on cette revendication en droit ?
3. Que prévoit la loi pour la revendication de ce type de créances ?
4. Vincent pourra-t-il obtenir gain de cause ?

DOC. Le délai de réclamation du salaire

L'article L. 3245-1 du Code du travail pose, depuis la loi n° 2013-504 du 14 juin 2013, une prescription de trois ans : « L'action en paiement [...] du salaire se prescrit par trois ans à compter du jour où celui qui l'exerce a connu ou aurait dû connaître les faits lui permettant de l'exercer. »

8 Se préparer au bac Identifier la règle juridique applicable

Pour cette application, vous pouvez vous aider de la fiche méthode 4.

Fille unique, Clémentine exerce la profession de conseil en formation et a installé son activité professionnelle au rez-de-chaussée de sa maison de Pernes-les-Fontaines, dans le Vaucluse. Son père vient de décéder. Il lègue à sa fille une maison dans les Cévennes d'une valeur de 120 000 euros, 6 200 euros d'argent liquide ainsi que trois tableaux estimés à une valeur de 58 000 euros. Le notaire attire l'attention de Clémentine sur le fait que son père ne s'était pas acquitté de la somme due au titre des impôts sur le revenu pour un montant de 8 000 euros. Quelque temps auparavant, Clémentine était inquiète car elle éprouvait certaines difficultés à payer ses factures pour un total de 30 000 euros et redoutait que ses créanciers saisissent ses biens, et notamment la maison familiale.

1. À quel problème juridique Clémentine est-elle confrontée ?
2. En distinguant la valeur des biens et le montant des dettes auxquelles Clémentine doit faire face, précisez la valeur du patrimoine de Clémentine avant le décès de son père, puis après ce décès.
3. Précisez la composition des biens meubles et des biens immeubles de son nouveau patrimoine.
4. Expliquez de quelle manière la loi protège les droits que Clémentine détient sur sa maison, vis-à-vis de ses créanciers professionnels.

DOC. 1 Le patrimoine est une garantie pour les créanciers

Article 2284 du Code civil : « Quiconque s'est obligé personnellement est tenu de remplir son engagement sur tous ses biens mobiliers et immobiliers, présents et à venir. »
Article 2285 du Code civil : « Les biens du débiteur sont le gage commun de ses créanciers [...]. »

DOC. 2 Des éléments de patrimoine protégés par la loi

Article L. 526-1 du Code de commerce : « [...] Les droits d'une personne physique immatriculée à un registre de publicité légale à caractère professionnel ou exerçant une activité professionnelle agricole ou indépendante sur l'immeuble où est fixée sa résidence principale sont de droit insaisissables par les créanciers dont les droits naissent à l'occasion de l'activité professionnelle de la personne. Lorsque la résidence principale est utilisée en partie pour un usage professionnel, la partie non utilisée pour un usage professionnel est de droit insaisissable [...]. »

Synthèse

SYNTHÈSE AUDIO
liennathan.fr/2c36kk

Le patrimoine

La composition du patrimoine

- En termes économiques
  - Un actif, composé de **droits patrimoniaux** évaluables en argent
  - Un passif, composé des **dettes** et obligations pécuniaires
- En termes de biens
  - Biens **corporels**, ayant une matérialité (maison, voiture...)
  - Biens **incorporels**, sans existence matérielle (créance, clientèle...)
  - Biens **immeubles** (bâtiments, droit de revendiquer une maison...)
  - Biens **meubles** (voiture, titres de société...)
- En termes de droits
  - Droits **réels**, portant sur une chose (propriété d'une maison...)
  - Droits **personnels**, s'exerçant contre une personne (créance)
  - Droits **intellectuels**, portant sur les créations (marque...)

Les caractères des droits patrimoniaux

- **Transmissibles**, par voie successorale
- **Cessibles**, par vente ou donation
- **Saisissables**, par un créancier impayé
- **Prescriptibles**, après un délai de non-usage

Rédigez votre synthèse personnelle à l'aide des mots-clés suivants :

- Patrimoine
- Biens meubles
- Biens immeubles
- Biens corporels
- Biens incorporels
- Droits réels
- Droits personnels
- Droits intellectuels
- Droits de la personnalité
- Caractères des droits patrimoniaux : cessibles, transmissibles, saisissables, prescriptibles

Entraînement au bac

Tout le monde n'est pas apte à défendre des droits

Capacités

- Identifier et qualifier une personne juridique
- Distinguer une personne physique et une personne morale
- Analyser les conséquences de la personnalité juridique
- Expliquer les conséquences de l'incapacité juridique d'une personne physique ou morale

À l'aide de vos connaissances et des ressources documentaires en annexe, analysez la situation juridique ci-dessous et répondez aux questions.

Situation Il y a quelques mois, M. Marquet, un riche industriel de 58 ans, a subi un AVC (accident vasculaire cérébral). Les médecins ont constaté des lésions irréversibles. M. Marquet a perdu la parole et l'usage de son bras et de sa jambe droits. Si ses capacités intellectuelles semblent légèrement amoindries, il parvient tout de même à exprimer ses volontés par l'intermédiaire de son ordinateur. En particulier, il a indiqué à ses proches qu'il souhaitait rédiger son testament. Il veut organiser la répartition de ses biens entre son épouse et ses deux enfants : Julianne, âgée de 21 ans, et Isabelle, âgée de 15 ans.

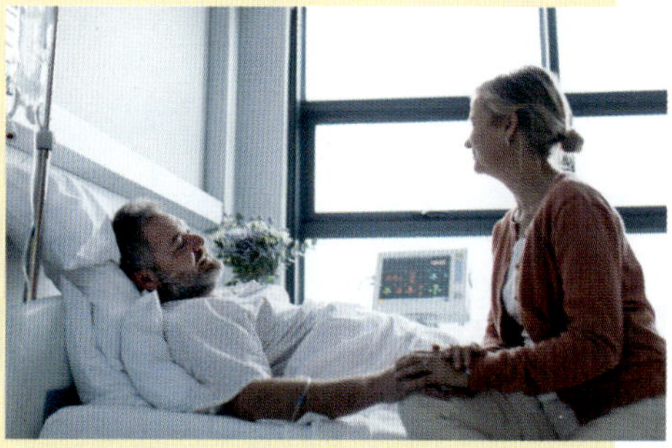

La femme de M. Marquet s'interroge sur le moyen de le protéger et d'éviter que son entreprise perde toute valeur du fait de la vacance de la direction générale. Elle se demande aussi ce qu'il en est de la possibilité pour son mari de rédiger son testament et de ses effets pour sa fille mineure.

1. Quel problème juridique l'état de santé défaillant de M. Marquet pose-t-il à la société qu'il dirigeait ?
2. Proposez l'argumentation juridique permettant de choisir le dispositif de protection des intérêts patrimoniaux de M. Marquet.
3. Quelles règles de droit s'appliquent aux différents types d'actes juridiques pouvant concerner Isabelle ?
4. Expliquez le sens de l'expression « incapacité de protection » qui s'applique aux mineurs et à certains majeurs.

ANNEXE 1 Incapables majeurs : les différentes mesures de protection juridique

Votre proche n'arrive plus à s'occuper seul de ses affaires courantes (la gestion de ses comptes, le règlement de ses factures…). Vous craignez un abus de faiblesse. En tant que proche, vous pouvez demander sa protection juridique. […]

Qui peut faire l'objet d'une mesure de protection juridique ?

Les personnes placées sous mesure de protection juridique doivent être reconnues vulnérables par un juge des contentieux de la protection (ex-juge des tutelles). Leurs facultés mentales ou corporelles doivent être momentanément ou durablement altérées au point d'empêcher l'expression de leur volonté. […]

Trois types de mesures, progressives et limitées dans le temps

Il existe trois types de mesures de protection juridique listées de la moins forte à la plus forte :

– la sauvegarde de justice : une mesure provisoire ;
– la curatelle : une mesure d'assistance et de contrôle (le curateur fait « avec » la personne) ;
– la tutelle : une mesure de représentation (le tuteur « fait à la place de »).

« Les différentes mesures de protection juridique », www.pour-les-personnes-agees.gouv.fr, 06/07/2022.

ANNEXE 2 Demander une mesure de protection juridique

Comment demander l'ouverture d'une mesure de protection juridique ?
Pour ouvrir une mesure de protection juridique, il faut la demander auprès du juge [des contentieux de la protection] [...]. Un certificat médical établi par un médecin agréé par le procureur de la République doit être joint à la demande. [...]

Qui peut faire la demande de mise sous protection juridique ?
L'ouverture d'une mesure de protection juridique ne peut être demandée au juge que par les personnes suivantes : la personne à protéger elle-même, ou la personne avec qui elle vit en couple, un membre de sa famille [...], le procureur de la République [...].

Qui peut exercer la mesure de protection ?
[...] Le conjoint et la famille sont les personnes qui sont sollicitées en premier pour être le tuteur, le curateur ou le mandataire spécial de la personne. Le juge peut désigner plusieurs personnes.

« Les différentes mesures de protection juridique », www.pour-les-personnes-agees.gouv.fr

ANNEXE 3 Code civil

Article 425. Toute personne dans l'impossibilité de pourvoir seule à ses intérêts en raison d'une altération, médicalement constatée, soit de ses facultés mentales, soit de ses facultés corporelles de nature à empêcher l'expression de sa volonté peut bénéficier d'une mesure de protection juridique prévue au présent chapitre. [...]

Article 467. La personne en curatelle ne peut, sans l'assistance du curateur, faire aucun acte qui, en cas de tutelle, requerrait une autorisation du juge ou du conseil de famille.

Lors de la conclusion d'un acte écrit, l'assistance du curateur se manifeste par l'apposition de sa signature à côté de celle de la personne protégée. [...]

Article 470. La personne en curatelle peut librement tester [...]. Elle ne peut faire de donation qu'avec l'assistance du curateur. [...]

Article 473. Sous réserve des cas où la loi ou l'usage autorise la personne en tutelle à agir elle-même, le tuteur la représente dans tous les actes de la vie civile.

Toutefois, le juge peut, dans le jugement d'ouverture ou ultérieurement, énumérer certains actes que la personne en tutelle aura la capacité de faire seule ou avec l'assistance du tuteur.

Article 474. La personne en tutelle est représentée dans les actes nécessaires à la gestion de son patrimoine [...].

Article 476. La personne en tutelle peut, avec l'autorisation du juge ou du conseil de famille s'il a été constitué, être assistée ou au besoin représentée par le tuteur pour faire des donations.

Elle ne peut faire seule son testament après l'ouverture de la tutelle qu'avec l'autorisation du juge ou du conseil de famille s'il a été constitué, à peine de nullité de l'acte. Le tuteur ne peut ni l'assister ni la représenter à cette occasion.

ANNEXE 4 L'administration légale des biens du mineur

L'administration légale permet aux parents d'administrer les biens de leurs enfants mineurs et de bénéficier des revenus de ces biens. C'est un attribut de l'autorité parentale. [...]

Si l'autorité parentale est exercée en commun par les deux parents, chacun d'entre eux est administrateur légal. Dans les autres cas, l'administration légale appartient à celui des parents qui exerce l'autorité parentale (C. civ., art. 382). [...]

En présence des deux parents, l'administration est en principe exercée en commun. [...]

Le parent exerçant seul l'administration légale peut accomplir seul les actes d'administration.

Sauf exceptions, les administrateurs légaux agissant en commun et [...] l'administrateur exerçant seul l'autorité parentale peuvent accomplir les actes de disposition sans solliciter l'autorisation du juge des tutelles. [...]

Certains actes de disposition particulièrement graves nécessitent toujours l'autorisation du juge des tutelles. Ainsi [...] les administrateurs légaux doivent solliciter le juge pour vendre de gré à gré ou apporter en société un immeuble ou un fonds de commerce appartenant au mineur, pour contracter un emprunt en son nom ou pour renoncer à l'un de ses droits (C. civ., art. 387-1).

« La gestion des biens des mineurs "simplifiée" ! », www.efl.fr

Les droits extrapatrimoniaux

8

Capacités

- Distinguer les droits patrimoniaux et les droits extrapatrimoniaux
- Identifier une atteinte à un droit extrapatrimonial
- Appliquer les règles relatives aux droits extrapatrimoniaux dans une situation donnée
- Expliquer les enjeux de la protection des données à caractère personnel
- Vérifier le respect des obligations liées à la protection des données à caractère personnel

Vers PIX D4.2 - Protéger les données personnelles et la vie privée.

Avant la classe

Vidéo : Le voyant Dave – Fédération belge du secteur financier
liennathan.fr/9efn55

Votre vie privée est-elle en danger sur les réseaux sociaux ?

Situations

VIE PRIVÉE, VIE PUBLIQUE ET VIE NUMÉRIQUE…

Une relation discrète…

Un article, publié sur le site lejournaldesfemmes.fr, révélait la nouvelle relation sentimentale liant Dany Boon et une célèbre actrice. L'article reproduisait la couverture du magazine *Voici* comportant une photographie de l'actrice et contenait les informations suivantes : « Raid dingue. En pleine rupture, Dany Boon n'en est pas pour autant célibataire. L'acteur de 52 ans aurait été séduit par Mme X., sa partenaire à l'écran dans deux films, selon *Voici*. Malgré l'emploi du temps chargé de l'actrice et jeune maman de 36 ans, leur relation est une priorité et ils font tout pour se voir le plus souvent possible. »

WhatsApp, Signal, Discord… Comment les messageries s'améliorent pour les utilisateurs

Aujourd'hui, plusieurs messageries nous permettent de communiquer et elles sont bien plus que des applications proposant de converser par messages ou d'envoyer des images. […] Au fil des années, les applications de messagerie instantanée sont ainsi devenues plus humaines, plus sécurisées et plus respectueuses de l'environnement, et ne sont plus toutes gratuites.

Kesso Diallo, https://leclaireur.fnac.com, 15/10/2022.

1 Identifier les droits extrapatrimoniaux

DOC. 1 Présentation des droits extrapatrimoniaux

Ces droits, comme leur nom l'indique, sont en dehors du patrimoine d'une personne : cela signifie qu'ils ne peuvent pas être évalués en argent, ils n'ont pas de valeur pécuniaire. Les droits extrapatrimoniaux sont en effet **attachés à la personne** : ces droits, intimes à chaque personne, lui permettent de protéger ses libertés, sa vie familiale, sa vie sociale. Ils peuvent être classés en quatre catégories.

Droits politiques et civiques

Droit de vote, liberté d'expression, droit de grève…

Droits relatifs à la vie familiale

Droit de se marier, droit des enfants à une éducation…

Droits relatifs à la vie professionnelle

Droit à l'emploi, liberté d'entreprendre…

Droits de la personnalité

Droit au respect de son honneur, droit au nom…

DOC. 2 Les droits de la personnalité

Les droits de la personnalité protègent l'intégrité d'une personne.

- Il existe des droits relatifs au respect de l'**intégrité physique** des personnes. Par exemple, le droit au respect du corps humain permet de sanctionner toute atteinte contre une personne (coups et blessures…).
- Certains droits de la personnalité garantissent le respect de l'**intégrité morale** : ils protègent les éléments de nature plutôt psychologique qui caractérisent une personne. Par exemple, chaque personne a droit au respect de son honneur. Chacun bénéficie d'un droit au respect de sa vie privée. La jurisprudence a également reconnu à toute personne un droit exclusif sur son image.

DOC. 3 Les règles relatives aux droits extrapatrimoniaux

Les droits extrapatrimoniaux sont hors du commerce. À l'inverse des droits patrimoniaux, ils sont :

Inaliénables → Ces droits ne peuvent pas faire l'objet de contrats (vente, location, donation…). *Exemple :* on ne peut pas vendre son droit à l'honneur, quel que soit le prix en échange.

Intransmissibles → Au décès d'une personne, ces droits ne sont pas transmis à ses héritiers. *Exemple :* une personne ne peut pas transmettre par testament son droit au respect de son image.

Insaisissables → Ils ne peuvent pas être saisis par un créancier qui souhaiterait être payé. *Exemple :* une banque ne peut pas faire saisir le nom d'une personne pour se faire rembourser un prêt non honoré par celle-ci.

Imprescriptibles → Une personne ne perd pas ses droits extrapatrimoniaux même si elle ne les utilise pas. *Exemple :* une personne qui ne vote jamais conserve son droit de vote.

Situation

Dany Boon et sa nouvelle compagne s'interrogent sur leurs droits quant à la confidentialité de leur relation sentimentale.

1 Indiquez, pour chacun des droits ci-dessous, s'ils sont patrimoniaux ou extrapatrimoniaux. Document 1

a. Le droit au respect de sa voix
b. Le droit d'obtenir le remboursement d'un prêt
c. Le droit pour le propriétaire d'un appartement mis en location d'obtenir le paiement des loyers
d. Le droit à la présomption d'innocence
e. Le droit au respect entre époux
f. Le droit de propriété sur sa maison
g. Le droit d'adhérer à une association

2 Quels sont les droits dont peuvent se prévaloir Dany Boon et sa compagne pour bénéficier de la confidentialité de leur relation sentimentale ? Document 2

3 À quelle catégorie de droits extrapatrimoniaux se rattachent ces droits ? Document 1

4 Ces droits extrapatrimoniaux peuvent-ils être évalués sous forme monétaire ? Document 1

5 Ces droits protègent-ils l'intégrité physique ou l'intégrité morale du couple ? Document 2

Situation

Dany Boon et sa compagne ont souvent fait l'objet d'articles dans la presse à scandale. Ils sont malheureusement habitués à être photographiés à leur insu. Jusqu'à présent, ils n'ont jamais voulu poursuivre en justice les magazines en cause.

6 Dany Boon et sa compagne ont-ils perdu leurs droits extrapatrimoniaux ? Justifiez votre réponse. Document 3

7 Le couple peut-il mettre en vente le respect de sa vie privée ? Justifiez votre réponse. Document 3

Allez plus loin !

Le droit à l'avortement

Vers PIX D4.2

Vidéo : « IVG dans la Constitution : l'histoire du droit à l'avortement en France » – 20 Minutes France liennathan.fr/8qy2v9

1 Le droit à l'avortement est-il un droit patrimonial ou extrapatrimonial ?

2 Quand le droit à l'avortement a-t-il été reconnu aux femmes en France ?

3 Comment, dans le temps, a-t-on amélioré l'accès des femmes à l'exercice de ce droit ?

4 Pourquoi veut-on inscrire le droit à l'avortement dans la Constitution ?

2 Identifier les caractères des droits patrimoniaux

DOC. 4 Le contenu des droits au respect de la vie privée et à l'image

Article 9 alinéa 1er du Code civil :
« Chacun a droit au respect de sa vie privée. »

Article 8 de la Convention européenne des droits de l'homme :
« 1. Toute personne a droit au respect de sa vie privée et familiale, de son domicile et de sa correspondance. »

Les tribunaux ont déterminé, au fur et à mesure des affaires, ce qui relève de la vie privée : la vie sentimentale et familiale, le domicile, l'orientation sexuelle, la pratique religieuse, la situation médicale, l'état de grossesse…
La jurisprudence a également reconnu à chaque personne un droit exclusif sur son image, sur le fondement de l'article 9 : toute personne est libre d'accepter ou de refuser d'être photographiée ou filmée, mais aussi d'autoriser ou non l'utilisation et l'exploitation de son image.

DOC. 5 Droits au respect de la vie privée et à l'image contre liberté d'expression ?

Article 10 de la Convention européenne des droits de l'homme

« Toute personne a droit à la liberté d'expression. Ce droit comprend la liberté d'opinion et la liberté de recevoir ou de communiquer des informations ou des idées […]. »

Extrait de l'arrêt de la Cour de cassation du 17 février 2021

Le droit au respect de la vie privée […] et le droit à la liberté d'expression ayant la même valeur normative, il appartient au juge saisi de mettre ces droits en balance en fonction des intérêts en jeu et de privilégier la solution la plus protectrice de l'intérêt le plus légitime. […] Cette mise en balance doit être effectuée en prenant en considération la contribution de la publication incriminée à un débat d'intérêt général, la notoriété de la personne visée, l'objet du reportage, le comportement antérieur de la personne concernée, le contenu, la forme et les répercussions de [la] publication, ainsi que, le cas échéant, les circonstances de la prise des photographies […].

DOC. 6 Les sanctions en cas d'atteinte aux droits au respect de la vie privée et à l'image

Sanctions civiles

- Octroi de dommages-interêts en réparation du préjudice subi.
- Publication de la décision de justice.
- Toute mesure propre à empêcher ou à faire cesser l'atteinte à la vie privée et au droit à l'image (*ex.* : saisies des exemplaires invendus, suppression de l'article en ligne).

Sanctions pénales (article 226-1 du Code pénal)

Est puni d'un an d'emprisonnement et de 45 000 euros d'amende le fait, au moyen d'un procédé quelconque, volontairement de porter atteinte à l'intimité de la vie privée d'autrui :

1° En captant, enregistrant ou transformant, sans le consentement de leur auteur, des paroles prononcées à titre privé ou confidentiel ;

2° En fixant, enregistrant ou transformant, sans le consentement de celle-ci, l'image d'une personne dans un lieu privé. […]

Situation

La compagne de Dany Boon, comédienne comme lui, est très mécontente que cet article sur Internet révèle sa relation sentimentale et qu'il soit illustré par une photographie. Elle n'a jamais donné son accord. Elle décide de poursuivre en justice la société propriétaire du site.

8 Expliquez en quoi l'article porte atteinte à la vie privée de la comédienne. Document 4

9 Expliquez en quoi l'article porte atteinte au droit à l'image de la comédienne. Document 4

10 De quoi pourrait se prévaloir, en défense, la société propriétaire du site ? Document 5

11 Expliquez pourquoi il n'est pas possible de faire prévaloir les droits au respect de la vie privée et à l'image sur le droit à l'information, et inversement. Document 5

12 Comment sont alors conciliés ces différents droits extrapatrimoniaux ? Document 5

Situation

Le tribunal judiciaire de Nanterre a condamné la société propriétaire du site à verser 5 000 € de dommages-intérêts à la comédienne, pour atteinte à ses droits au respect de la vie privée et à l'image.

En revanche, au regard de la nature des faits et de leur ancienneté, ainsi que de la volatilité des informations révélées, le tribunal ne donne pas suite à la demande de suppression de l'article mis en ligne sur Internet.

13 Qualifiez le type de sanction prononcée par le tribunal. Document 6

14 Expliquez pourquoi le tribunal n'impose pas la suppression de l'article litigieux. Document 6

15 La société propriétaire du site aurait-elle pu être condamnée pénalement ? Justifiez. Document 6

Allez plus loin !

Faites qu'on m'oublie… Vers PIX D4.2

Vidéo : « C'est quoi le droit à l'oubli numérique ? » – Les Clés des Médias
liennathan.fr/g26x4u

1 Qu'est-ce que le droit à l'oubli numérique ?

2 Quels autres droits extrapatrimoniaux sont protégés grâce à ce droit à l'oubli numérique ?

3 Le droit à l'oubli numérique permet-il d'effacer tout notre passé sur Internet ?

3 Expliquer et vérifier la protection des données à caractère personnel

Vers PIX D4.2

DOC. 7 Pourquoi faut-il protéger les données à caractère personnel ?

En naviguant sur Internet ou sur une application mobile, nous laissons des données qui permettent de nous identifier : notre adresse IP, nos prénoms et nom, nos coordonnées, notre numéro de carte bleue, nos goûts, notre note si l'on a utilisé un service en ligne…

Les entreprises collectent ces données pour dresser notre profil et proposer des publicités adaptées à nos préférences. Mais ces données peuvent aussi être utilisées par un « pirate » pour usurper notre identité numérique et commettre des actes malveillants. Certains États peuvent aussi avoir intérêt à collecter des données sur leurs citoyens. La Chine expérimente ainsi un système de « crédit social » : elle note ses citoyens en fonction des données personnelles collectées…

DOC. 8 La protection des données à caractère personnel

Depuis le 25 mai 2018, les données à caractère personnel des citoyens européens sont protégées par le règlement général sur la protection des données (RGPD), texte adopté dans le cadre de l'Union européenne. L'application et le respect du RGPD sont garantis, en France, par un organe public et indépendant : la Commission nationale de l'informatique et des libertés (CNIL).

D'après mc2i.fr

DOC. 9 La condamnation de Discord par la CNIL

Le 17 novembre 2022, la CNIL a condamné Discord à une amende de 800 000 € en raison de manquements au RGPD. D'abord, l'entreprise ne supprimait pas les comptes de ses utilisateurs inactifs (cela concernait près de deux millions et demi de comptes non utilisés depuis plus de 3 ans), conservant ainsi leurs données. Or, le RGPD impose que les données collectées soient conservées uniquement « pendant une durée n'excédant pas celle nécessaire au regard des finalités pour lesquelles elles sont traitées ». De plus, cliquer sur l'icône « X » ne fermait pas l'application mais la mettait en arrière-plan : l'utilisateur pouvait alors encore être entendu par les autres membres présents sur l'application. Enfin, les contraintes imposées par Discord pour créer les mots de passe étaient insuffisantes pour sécuriser le compte. Discord s'est mis depuis en conformité avec le RGPD.

Situation

Très prisé au départ par les amateurs de jeux vidéo en ligne, Discord s'est imposé comme un acteur majeur de la messagerie instantanée. La CNIL a mené des contrôles pour vérifier si Discord protégeait suffisamment les données à caractère personnel collectées.

16 Identifiez différentes données à caractère personnel que vous avez divulguées sur un réseau social. ▶ Document 7

17 Quels sont les risques liés à la collecte de données à caractère personnel ? ▶ Document 7

18 À quel droit extrapatrimonial la collecte des données personnelles risque-t-elle de porter atteinte ? ▶ Document 7

19 Quel organe assure, en France, la protection des données personnelles ? ▶ Document 8

20 Quels sont les droits reconnus par le RGPD aux internautes quant à leurs données à caractère personnel ? ▶ Document 8

21 Quelles sont les obligations auxquelles sont soumises les entreprises qui collectent et analysent des données à caractère personnel ? ▶ Document 8

22 À quoi a été condamnée la société Discord ? ▶ Document 9

23 Expliquez pourquoi la CNIL a sanctionné Discord. ▶ Document 9

Allez plus loin !

Un cookie n'est pas toujours ce que l'on croit ! ▶ Vers PIX D4.2

Vidéo : « Qu'est-ce qu'un cookie ? » – CNIL
liennathan.fr/d2fe63

Vidéo : « Nouvelles règles de dépôt des cookies : qu'est-ce que ça change pour vous ? » – CNIL liennathan.fr/fy8i97

1 Qu'est-ce qu'un cookie ?

2 Quel est l'intérêt pour les entreprises de déposer des cookies sur les ordinateurs des internautes ?

3 Comment les internautes sont-ils protégés contre le dépôt de cookies sur leurs ordinateurs ?

Applications

QUIZ
liennathan.fr/3b64wg

1 Comprendre et acquérir le vocabulaire juridique

1. Reformulez les idées suivantes en veillant à expliquer le terme juridique souligné.
   a. Les droits extrapatrimoniaux sont insaisissables.
   b. Certains droits de la personnalité protègent l'intégrité physique des personnes.
   c. Chacun a droit au respect de sa vie privée.
2. Reformulez les propositions suivantes en utilisant le vocabulaire juridique approprié.
   a. Les individus conservent leurs droits extrapatrimoniaux, même s'ils ne les utilisent pas.
   b. Toute personne décide librement si elle accepte ou non d'être prise en photo.
   c. Le RGPD protège les informations intimes des personnes sur Internet.

2 Identifier un droit extrapatrimonial

Samir et Jamila ont toujours souhaité fonder une famille, mais souffrent de stérilité. Ils envisagent de recourir à une mère porteuse.

1. Repérez les droits extrapatrimoniaux consacrés dans l'article 16-1 du Code civil.
2. Expliquez pourquoi Samir et Jamila ne peuvent pas avoir recours à une mère porteuse.

DOC. La gestation pour autrui est-elle compatible avec la protection du corps humain ?

La gestation pour autrui consiste pour une femme (la mère porteuse) à porter un enfant gratuitement ou contre rémunération, pour un couple. La mère porteuse peut être la mère génétique de l'enfant, ou n'être que la gestatrice (si l'enfant est conçu avec les gamètes du couple ou ceux de donneurs).

Article 16-1 du Code civil

Chacun a droit au respect de son corps.
Le corps humain est inviolable.
Le corps humain, ses éléments et ses produits ne peuvent faire l'objet d'un droit patrimonial.

Article 16-7 du Code civil

Toute convention portant sur la procréation ou la gestation pour le compte d'autrui est nulle.

3 Identifier une atteinte au droit à la vie privée

1. Quels faits constituaient une atteinte à la vie privée ?
2. Comment la Cour de cassation met-elle en balance le droit au respect de la vie privée et à la liberté d'expression ?

DOC. Tout individu peut se plaindre d'avoir été cité à la rubrique des accidents

[…] Après un accident de la circulation, un quotidien régional présente une personne victime comme responsable d'un sinistre et diffuse son identité (nom, prénom, âge et commune de résidence). Condamné pour atteinte à la vie privée, le journal conteste la décision en se fondant notamment sur la nécessité d'informer le public. […] La Cour de cassation […] [juge] que l'information stricte, sans identification des personnes, se suffit à elle-même et garantit la liberté d'expression. Si un accident de la circulation constitue bien un sujet d'ordre général, il n'est pas utile d'en connaître les acteurs, auteurs ou victimes.

À propos de l'arrêt de la Cour de cassation du 20 octobre 2021, www.service-public.fr, 24/11/2021.

4 Appliquer les règles relatives aux droits extrapatrimoniaux : l'exemple du don d'organes entre vivants

★★

1. Pourquoi n'est-il pas possible de donner une valeur aux organes ?
2. À quelle règle applicable aux droits extrapatrimoniaux le don d'organes entre vivants est-il une exception ?
3. Relevez les conditions à respecter pour pouvoir donner, de son vivant, un organe.

DOC. 1 Article 16-1 alinéa 3 du Code civil

Le corps humain, ses éléments et ses produits ne peuvent faire l'objet d'un droit patrimonial.

DOC. 2 Le don d'organes entre vivants

Il est possible de donner de son vivant, à un proche, l'un de ses organes (par exemple, un rein). Peuvent être donneurs : les membres de la famille (parents, frères et sœurs, grands-parents, oncles et tantes, cousins), les conjoints, ainsi que toute personne pouvant justifier de deux ans de vie commune ou ayant un lien affectif étroit et stable depuis au moins deux ans avec le receveur.
Le don d'organes entre vivants est risqué pour le donneur. Il faut donc respecter une procédure particulière.
Le donneur, qui doit être majeur, doit fournir un bilan médical qui garantit qu'il peut procéder au don. Il doit être entendu par des professionnels (des médecins, un psychologue…), qui vont s'assurer qu'il donne librement son consentement au don. Enfin, le donneur doit exprimer son consentement devant un juge du tribunal judiciaire.
Une limite importante est posée par le législateur : le donneur ne peut pas être rémunéré, le don d'organes entre vivants est forcément gratuit.

5 Identifier une atteinte au droit à l'image

1. Pourquoi les salariés invoquaient-ils une violation à leur droit à l'image ?
2. Expliquez pourquoi la Cour d'appel de Toulouse a rejeté leur demande.
3. Quelle est la solution rendue par la Cour de cassation ?

DOC. Photo sur le site internet de l'entreprise : l'image d'un salarié est-elle protégée ?

Des salariés d'une entreprise sont photographiés avec l'ensemble de l'équipe. Leur image de groupe est ensuite diffusée sur le site internet de la société. Elle vise à démontrer la cohésion régnant dans l'entreprise entre les salariés et les entrepreneurs. Après la publication, deux salariés demandent par courrier à l'employeur le retrait de cette photographie comme portant atteinte à leur image. L'employeur ne fait pas droit immédiatement à leur demande. […]
La Cour d'appel de Toulouse rejette leur demande d'indemnisation car ils ne démontrent pas que cette suppression tardive leur ait causé un préjudice […] puisque l'image avait été retirée.
La Cour de cassation casse et annule la décision de la Cour d'appel. Elle rappelle que chacun a le droit de s'opposer à la publication de son image. Le non-respect de ce droit est automatiquement assorti

d'une sanction : le versement de dommages et intérêts. La victime n'a pas besoin de s'expliquer davantage sur le préjudice qui en est résulté pour recevoir cette indemnisation.

À propos de l'arrêt de la Cour de cassation du 19 janvier 2022, www.service-public.fr, 16/03/2022.

6 Vérifier la protection des données à caractère personnel

1. À quoi la CNIL a-t-elle condamné Google et Facebook et pour quelle raison ?
2. En quoi les sanctions prononcées par la CNIL sont-elles efficaces ?

DOC. **La CNIL inflige de lourdes amendes à Google et Facebook pour leurs cookies**

[...] [La CNIL] a infligé de lourdes amendes de respectivement 150 millions et 60 millions d'euros à Google et Facebook pour leurs pratiques en matière de cookies [...].
« La CNIL a constaté que les sites Facebook.com [et] Google.fr » ne permettent pas de refuser les cookies « aussi simplement » que de les accepter, a-t-elle expliqué. « Plusieurs clics sont nécessaires pour refuser tous les cookies ». Pour ajouter à la confusion, le bouton ajouté par Facebook pour refuser les traceurs s'appelle même « Accepter les cookies », a-t-elle dénoncé. Les plates-formes ont trois mois pour se mettre en conformité, à défaut de quoi « les sociétés devront chacune payer une astreinte de 100 000 euros par jour de retard ». [...]
Les cookies sont des petits fichiers informatiques installés par les sites Internet sur les terminaux de leurs visiteurs, à des fins techniques ou de publicité ciblée. Ils permettent notamment aux régies de tracer la navigation de l'utilisateur, pour pouvoir lui envoyer de la publicité personnalisée en lien avec ses centres d'intérêt. Ils sont régulièrement dénoncés pour les atteintes à la vie privée des internautes qu'ils peuvent causer.

www.lemonde.fr, 6/01/2022.

7 Identifier une atteinte aux droits à la vie privée et à l'image

Lica, un chanteur célèbre, est très engagé contre les inégalités et le luxe. Il apporte souvent publiquement son soutien à des personnes politiques de premier plan. Mais Lica a peur pour son image car il a découvert dans le magazine *ViedesStars* un article qui révèle sa relation amoureuse avec la fille d'un milliardaire, Paris Million. L'article est illustré par deux photographies : l'une a été prise lors d'un concert de rue de Lica, où l'on reconnaît Paris Million dans la foule, la seconde montre le couple, main dans la main, dans la rue.

Lica et Paris estiment que cet article porte atteinte à leurs droits. Le magazine *ViedesStars* soutient au contraire qu'il s'agit d'informations qui pouvaient être révélées.

L'affaire est soumise à la justice. Vous êtes les avocats des parties en litige. Constituez des groupes :
– la première moitié des groupes défendra les droits du chanteur Lica et de sa compagne ;
– l'autre moitié défendra les droits du magazine *ViedesStars*.

1. Rédigez une plaidoirie pour défendre vos clients. Vous construirez vos arguments à partir du document ci-contre ainsi que des notions de droit au respect de la vie privée, de droit à l'image et de droit à l'information.
2. Exposez, à l'oral, vos plaidoiries contre un groupe défendant la partie adverse.
3. En synthèse, rédigez les solutions qui pourraient être retenues par le juge.

DOC. **L'étendue du droit à l'image**

La protection de l'image joue [...] dans les lieux privés mais également dans les lieux publics [...]. Ainsi, la publication de photographies de deux célébrités, prises lors du tournoi de tennis de Monte-Carlo, à l'insu des intéressés et avec un cadrage les isolant du public environnant, est illicite. Photographier une foule est donc possible mais les individus ne doivent pas être pris en gros plan. Pour que l'image soit protégée, il n'est pas nécessaire que le visage soit reconnaissable. Il suffit que la personne concernée soit identifiable. Par exemple, il y a atteinte au droit à l'image lorsque des salariés sont filmés, sans leurs autorisations, dès lors que la boutique et l'enseigne où ils ont été filmés sont facilement reconnaissables, et même si leurs visages étaient dissimulés [...] Enfin, le droit à l'image protège contre l'utilisation détournée d'une image prise avec le consentement de la personne concernée. C'est l'hypothèse d'une image publiée pour un objet autre que celui pour lequel l'autorisation avait été donnée.

Patrick Lingibé, avocat, www.village-justice.com

8 Se préparer au bac — Exploiter les documents juridiques : comprendre une décision de justice

Pour cette application, vous pouvez vous aider de la fiche méthode 6.

1. Identifiez les parties à l'origine du procès, le défendeur et la raison du litige.
2. Quelle solution a retenu la cour d'appel ?
3. Qui est l'auteur du pourvoi ? Que reproche-t-il à la solution de la cour d'appel ?
4. À quelle question de droit la Cour de cassation a-t-elle dû répondre ?
5. Pourquoi la Cour de cassation a-t-elle rejeté le pourvoi ?

DOC. Cour de cassation – Arrêt du 11 mars 2020 (extraits)

Faits et procédure

1. Selon l'arrêt attaqué (Versailles, 9 novembre 2018), un article annoncé en pleine page de couverture sous le titre « S… H… et V… L… Love story à San Francisco » a été publié dans le numéro 3408, daté du 17 septembre 2014, du magazine *Paris Match*, édité par la société Hachette Filipacchi associés (HFA). Cet article, illustré par quatre photographies des intéressés se promenant dans les rues de San Francisco, rapportait le séjour « en amoureux » des deux anciens ministres, vingt jours après leur démission conjointe du gouvernement.

2. Estimant que cette publication portait atteinte à sa vie privée et au droit dont il dispose sur son image, M. H… a assigné la société HFA, aux droits de laquelle vient la société Lagardère média news (la société Lagardère), pour obtenir réparation de son préjudice […].

Énoncé du moyen

4. La société Lagardère fait grief à l'arrêt de condamner la société HFA à payer à M. H… la somme de 9 000 euros en réparation du préjudice causé par la publication du numéro 3408 du magazine *Paris Match* et, en conséquence, de lui interdire, sous astreinte, de diffuser, reproduire ou mettre en ligne les photographies litigieuses, alors « que l'atteinte portée à la vie privée doit être appréciée au regard de la contribution de l'information publiée à un débat d'intérêt général, de la notoriété de la personne concernée, du contenu et des répercussions de la publication sur la vie privée de l'intéressé et de l'intrusion qu'a nécessité l'obtention des informations ou clichés publiés […] ».

Réponse de la Cour […]

7. [L'atteinte] portée à la vie privée d'une personne publique ou au droit dont elle dispose sur son image ne peut être légitimée par le droit à l'information du public que si le sujet à l'origine de la publication en cause relève de l'intérêt général et si les informations contenues dans cette publication […] sont de nature à nourrir le débat public sur ce sujet. […]

9. En l'état de ces constatations et appréciations, la cour d'appel a retenu, à bon droit, que, bien que la démission conjointe de M. H… et de Mme L… ait constitué un sujet d'intérêt général, l'article litigieux était consacré à la seule révélation de leur relation amoureuse et à leur séjour privé aux États-Unis, de sorte qu'il n'était pas de nature à nourrir le débat public sur ce sujet. Elle en a exactement déduit que cet article, illustré par des photographies prises à l'insu des intéressés, avait porté atteinte au droit de M. H… au respect de sa vie privée et de son image.

10. Le moyen n'est donc pas fondé.

PAR CES MOTIFS, la Cour :
REJETTE le pourvoi […].

Synthèse

SYNTHÈSE AUDIO
liennathan.fr/n63i5y

Les droits extrapatrimoniaux

Les types de droits extrapatrimoniaux
Attachés à la personne et non évaluables de manière pécuniaire

- Droits civiques et politiques
- Droits relatifs à la vie familiale
- Droits de la vie professionnelle
- Droits de la personnalité

Les règles applicables :

- Droits **inaliénables**
- Droits **intransmissibles**
- Droits **insaisissables**
- Droits **imprescriptibles**

Deux droits de la personnalité

- **Droit au respect de la vie privée**
  Droit de s'opposer à la divulgation d'informations relevant de la vie intime
- **Droit à l'image**
  Droit de s'opposer à l'utilisation et l'exploitation, par un tiers, de son image sans autorisation

Les sanctions :

- **Sanctions civiles** (dommages-intérêts, saisie…)
- **Sanctions pénales** (emprisonnement, amendes)

La protection des données à caractère personnel
Données permettant d'identifier numériquement une personne

- **Protection contre l'utilisation des données**
  dans un but publicitaire, frauduleux ou politique
- **Protection par le règlement général sur la protection des données (RGPD)**
  Loi européenne qui améliore le contrôle par les internautes de leurs données (consentement, accès aux données…)
- **Protection en France par la Commission nationale de l'informatique et des libertés**
  Organe indépendant avec pouvoir de sanctions

Rédigez votre synthèse personnelle à l'aide des mots-clés suivants :

- Droits extrapatrimoniaux
- Droits de la personnalité
- Droit au respect de la vie privée
- Droit à l'image
- Droit à l'information
- Dommages-intérêts
- Sanction pénale
- Données à caractère personnel
- Règlement général sur la protection des données
- Commission nationale de l'informatique et des libertés

Le droit de propriété sur les biens corporels

9

Capacités
- Identifier les attributs du droit de propriété
- Identifier les caractères du droit de propriété
- Qualifier un trouble anormal du voisinage

Vers PIX

D1.1. - Mener une recherche et une veille d'information

Avant la classe

Vidéo : « Témoignage d'une cliente devenue propriétaire » – Groupe CIF Nantes
liennathan.fr/y443jt

Quelles raisons peuvent motiver l'achat d'un bien immobilier ?

Situation

DES HISTOIRES DE PROPRIÉTAIRES VITICOLES

Propriété viticole à vendre à Gaillac (81600) à 60 km de Toulouse – Domaine de 24 ha dont 10 ha de vignes en AOP Gaillac – 750 000 €

Descriptif de l'habitation
La maison offre une surface habitable de 205 m^2 avec 4 chambres au 1er étage et 100 m^2 de grenier aménageable. Hauteurs sous plafond, tomettes, terre cuite et parquet d'origine. Chauffage au bois et électrique.

Information d'affichage énergétique sur ce bien : DPE C indice 143 et GES E indice 43

Descriptif de l'exploitation viticole
L'exploitation se compose de 2 chais de 64 et 220 m^2 équipés en cuve béton, inox et fibre pour une capa
totale de 890 hL.

1 Identifier les attributs du droit de propriété

DOC. 1 Les trois attributs du droit de propriété

Code civil – Art. 544 : La propriété est le droit de jouir et disposer des choses de la manière la plus absolue pourvu qu'on n'en fasse pas un usage prohibé par les lois ou par les règlements.

Trois attributs = trois types de prérogatives
- L'*usus* : le droit de se servir de la chose.
- Le *fructus* : le droit d'en recueillir les fruits.
- L'*abusus* : le droit de disposer de la chose.

Les différentes manifestations de l'*usus*, du *fructus* et de l'*abusus*

1 L'*usus* : se servir d'une chose, c'est choisir l'usage qu'on en fait, pour soi-même ou pour autrui, que cet usage soit utile, rentable ou qu'au contraire il ne soit pas profitable à la chose.

2 Le *fructus* : faire fructifier et disposer des fruits provenant de la chose : fruits *naturels* provenant de la chose sans l'intervention de l'homme (fruits des arbres), fruits *industriels* obtenus de la chose grâce au travail de l'homme (récoltes) ou fruits *civils*, constitués par les revenus tirés de la chose (loyers).

3 L'*abusus* : droit de disposer juridiquement de la chose : la vendre, la donner ; droit aussi d'en disposer matériellement : l'aménager, la modifier, voire la détruire.

DOC. 2 La saison des vendanges a commencé

En Provence, les premiers coups de sécateurs ont été donnés le 11 août [2022] sur les secteurs les plus précoces de Cuers, Puget-Ville, Pierrefeu et La Londe. Et le bal s'achève doucement sur le territoire de la Provence Verte autour de la Sainte-Baume. Une précocité record en 2022 ? « Comme 2017, il faut admettre que cette année 2022 est exceptionnellement précoce en Provence. Il a fait sec, avec un cumul de températures hors du commun, et nous étions assez inquiets. Pour autant, on ne peut pas parler de record de précocité dans notre région. […] Le manque de précipitations, en revanche, a donné des baies plus petites que les années précédentes. Mais celles-ci étaient présentes en plus grand nombre, du fait du parfait état sanitaire des raisins, donc le jus sera au rendez-vous », explique Gilles Masson, directeur du Centre de Recherche et d'Expérimentation sur le vin rosé.

Romy Ducoulombier, avis-vin.lefigaro.fr, 13/09/2022.

DOC. 3 L'usufruit et la nue-propriété

[Le] droit de propriété peut faire l'objet d'un démembrement, en séparant l'usufruit de la nue-propriété. Au terme de cette opération [dite « en viager »], il y a donc un **usufruitier** et un **nu-propriétaire**, chacun ayant des droits et des obligations différents sur le bien immobilier démembré.

Celui qui donne [ou vend] la nue-propriété d'un logement s'en réserve, la plupart du temps, l'usufruit sa vie durant. […] Le donateur [ou le vendeur] […] peut ainsi garder l'usage du logement pour y vivre ou le louer afin d'en percevoir des revenus. C'est un gage de sécurité pour lui. Cela permet véritablement d'anticiper et de transmettre son patrimoine de son vivant, sans pour autant se démunir.

R. Rainfray et N. Giraud, « Les avantages de la donation de la nue-propriété », www.pap.fr

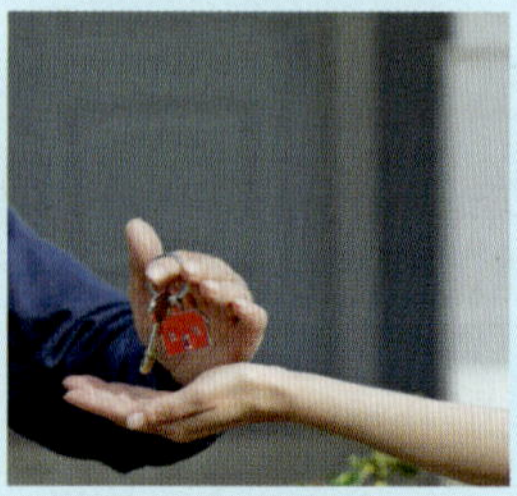

Situation

Conséquence inattendue de la guerre en Ukraine : un vignoble vendu à un Russe revient à la France

On apprend, le 16 mars 2022, qu'un domaine viticole du Jura, qui avait été vendu en août 2021 au Russe Alexander Pumpyansky, ne peut être conservé par lui. Il va être racheté par son ancien propriétaire, Jean-François Ganevat, l'opération étant imposée par l'inscription de la famille russe sur la liste noire de la Commission européenne et sa conséquence, le gel de leurs avoirs en Occident.

1. Quel attribut du droit de propriété est mis en œuvre lors de la vente et la revente de la propriété viticole ? Document 1
2. Quels attributs du droit de propriété le vigneron Jean-François Ganevat pourra-t-il exercer sur sa propriété viticole ? Illustrez par des exemples. Document 1
3. Quel type de fruits un viticulteur exploite-t-il ? Justifiez votre réponse. Documents 1 et 2
4. Qui est juridiquement fondé à décider de la date des vendanges ? En vertu de quelle prérogative attachée au droit de propriété ? Documents 1 et 2

Situation

Propriété viticole – Vérargues – 1 136 m² – Ref 8400

Vente en nue-propriété avec réserve d'usufruit pendant 5 ans, Entre-Vignes (ex Verargues) (34) : Au cœur du vignoble de l'aire d'appellation du « Muscat de Lunel », au sud de Verargues, entre Montpellier et Nîmes, et sur le chemin de la Via Domitia, une superbe propriété se composant à la fois d'un domaine viticole ainsi que d'un château classé aux Monuments Historiques [...]

www.viagerlodel.fr

5. Par quelle opération juridique l'acquéreur et le vendeur de cette propriété viticole se partageront-ils la propriété du bien ? Document 3
6. Le nu-propriétaire d'un bien peut-il le donner en location ? Et l'usufruitier ? Justifiez vos réponses. Document 3

Allez plus loin !

Mais combien ça vaut, l'usufruit ?

Article : « Valeur de l'usufruit : barème fiscal et administratif » – Droit-Finances.net
liennathan.fr/xbn883

1. Rappelez comment se répartissent les attributs du droit de propriété entre l'usufruitier et le nu-propriétaire.
2. Dans quelle situation faut-il connaître la valeur de l'usufruit, et celle de la nue-propriété ?
3. Quelle est la logique du calcul de ces valeurs retenue par le fisc ?

2 Identifier les caractères du droit de propriété

DOC. 4 Le caractère absolu du droit de propriété

LE SENS DES MOTS	LA LIMITE AU CARACTÈRE ABSOLU
• Le droit de propriété est le droit le plus parfait qu'on puisse exercer sur une chose (« le droit de jouir et disposer des choses de la manière **la plus absolue** »). La formule du Code civil montre que les pouvoirs du propriétaire ne sont pas limités. • La jurisprudence précise que ce droit est **opposable à tous**, ce qui signifie que tous doivent le respecter.	**Ex. : les limitations légales et réglementaires** Les prescriptions d'urbanisme jouent évidemment un rôle central. Tout propriétaire d'immeuble est tributaire des contraintes d'urbanisme auxquelles son bien est soumis. Il ne peut en user que dans le respect de la destination du fonds. Le contrôle de la conformité de ses projets et réalisations aux règles générales, dictées par des considérations de sécurité, d'hygiène, de construction, d'esthétique, et aux prescriptions d'urbanisme, est assuré *a priori* par le permis de construire et *a posteriori* par les certificats de conformité.  « Les limitations à l'exercice du droit de propriété », www.courdecassation.fr

DOC. 5 Le caractère exclusif du droit de propriété

LE SENS DES MOTS	LA LIMITE AU CARACTÈRE EXCLUSIF
• Un bien n'a qu'un propriétaire. • Le propriétaire cumule à lui seul tous les pouvoirs issus de l'*usus*, du *fructus* et de l'*abusus*.	**Ex. : la propriété partagée, copropriété ou indivision**  • La copropriété : un bien déterminé (meuble ou immeuble) peut appartenir à deux ou plusieurs personnes (par exemple, les « parties communes » d'immeubles d'habitation). • L'indivision : un bien appartient en même temps – mais provisoirement en principe – à plusieurs personnes (par exemple, à des cohéritiers). Chaque indivisaire (propriétaire en indivision) peut demander à « *sortir de l'indivision* » et imposer le partage du bien.

DOC. 6 Le caractère perpétuel du droit de propriété

LE SENS DES MOTS	LA LIMITE AU CARACTÈRE PERPÉTUEL
• La propriété ne disparaît pas, même en cas de non-usage de la chose. • Ce droit se transmet par succession aux héritiers du propriétaire.	**Ex. : la disparition imposée du droit de propriété** L'expropriation est prévue par la loi : selon l'article 545 du Code civil, « nul ne peut être contraint de céder sa propriété, si ce n'est pour cause d'utilité publique, et moyennant une juste et préalable indemnité ». Cette privation du droit de propriété peut être justifiée par la construction d'un pont, d'une route ou par le danger représenté par un immeuble menaçant ruine, etc. 

Situation

Avant de construire un nouveau chai sur son domaine, ou tout autre bâtiment, le propriétaire viticole doit impérativement déposer une demande auprès de l'Administration :

• CERFA n° 13406*06 – Demande de permis de construire pour une maison individuelle et/ou ses annexes comprenant ou non des démolitions (à télécharger sur Internet)

7 Comment justifier la contrainte pesant sur le propriétaire désirant construire ? Document 4

Situation

Si vous disposez du capital et du temps nécessaires, et surtout du savoir-faire viticole pour suivre activement la gestion d'un domaine, il est envisageable d'acquérir un vignoble. Il vous en coûtera à peu près 2 millions d'euros pour quinze hectares. Si vous ne remplissez pas ces conditions, il est conseillé d'emprunter la voie, moins onéreuse, du groupement foncier viticole (GFV). [...] L'investisseur [...] a le statut de copropriétaire des vignes.

G. Blandin, « Vignobles : investir avec succès dans l'or rouge », www.lerevenu.com

8 Quel point commun et quelle différence y a-t-il entre acheter un vignoble en pleine propriété et acquérir des parts de GFV ? Document 5

9 Qu'advient-il d'une exploitation viticole au décès de son propriétaire ? En quoi cela illustre-t-il le caractère perpétuel du droit de propriété ? Document 6

Situation

Ce 2 mai [2022], le rapport d'enquête préalable à la déclaration d'utilité publique de la ligne nouvelle [de la SNCF] Montpellier-Perpignan a été rendu par la commission d'enquête au préfet de l'Hérault. Et on ne peut pas dire que les vignerons de l'appellation Picpoul de Pinet aient accueilli ce rapport avec grand enthousiasme (des expropriations ont été décidées).

Olivier Bazalge, www.vitisphere.com, 04/05/2022.

10 Qu'est-ce qui peut justifier l'expropriation de certains propriétaires viticoles ? Document 6

11 Quelle règle de droit atténue l'apparente injustice d'une expropriation ? Document 6

Allez plus loin !

Pas trop hauts les arbres !

Article : « Puis-je exiger de mon voisin qu'il taille sa haie ? » – LesFurets.com
liennathan.fr/96jc3y

1 Quelles sont les règles limitant les droits du propriétaire en matière de plantation des arbres ?

2 Quel caractère du droit de propriété subit ainsi une atteinte ? Qu'est-ce qui la justifie ?

3 Qualifier un trouble anormal du voisinage

DOC. 7 Les rapports du propriétaire avec ses voisins

Les bons rapports entre voisins imposent à chacun d'être attentif à l'usage qu'il fait de son droit de propriété, afin d'éviter de faire subir un dommage à autrui. Le cas échéant, l'auteur du trouble est obligé de le faire cesser. Il peut même être amené à verser des dommages et intérêts à sa victime. Cependant, il faut distinguer deux situations, selon que l'origine du trouble causé au voisin se trouve dans un comportement volontaire ou dans un agissement involontairement nuisible.

L'abus de droit	L'inconvénient anormal du voisinage
Il y a abus de droit lorsque le propriétaire cause un dommage en agissant avec l'intention de nuire ; son comportement est alors dépourvu d'intérêt légitime et sérieux. Par exemple, celui qui édifie une fausse cheminée sur son toit pour priver de soleil son voisin abuse de son droit de propriété.	Il y a inconvénient anormal de voisinage quand un dommage est causé par un propriétaire sans intention de nuire (avec inconscience ou négligence parfois) ; on constate cependant que les nuisances dépassent les inconvénients habituellement supportables selon une appréciation coutumière. Par exemple, des odeurs, des bruits ou encore des pollutions peuvent constituer des inconvénients anormaux.

DOC. 8 Un exemple d'inconvénient anormal du voisinage

La perte d'ensoleillement suite à une construction constitue-t-elle un trouble anormal du voisinage justifiant sa démolition ? […] La définition de la notion de trouble de voisinage ne figure pas dans le Code civil, et se trouve être une création jurisprudentielle. […]

Ainsi, le droit de propriété est limité par l'obligation qu'a tout propriétaire de ne causer à son voisin **aucun trouble excédant les inconvénients normaux du voisinage**. […]

En l'espèce, Madame X et Madame Y sont voisines et propriétaires chacune d'une parcelle sur laquelle est édifiée leur maison. Madame Y a déposé un permis de construire pour construire une extension à l'arrière de son pavillon en limite de propriété avec le fond voisin.

Or, cette construction entraînait une perte d'ensoleillement et de luminosité sur le terrain de Madame X, qui ne pouvait plus bronzer tranquillement. […] L'expert judiciaire a confirmé la perte de luminosité du début d'après-midi jusqu'au soir et estimé qu'elle atteignait 70 %.

Le juge a considéré que le trouble anormal du voisinage était constitué et condamné Madame Y **à la démolition de la construction litigieuse**. L'argument de Madame Y, selon lequel le permis de construire excluait l'existence d'un trouble de voisinage, n'a donc pas été retenu.

A. Bem, www.juritravail.com

DOC. 9 Un exemple historique d'abus de droit

Pour comprendre ce qu'est l'abus de propriété, on se réfère souvent à l'affaire Clément-Bayard de 1915 qui est une intéressante illustration de l'abus de droit. […] Un homme avait acheté un terrain encerclé par une zone destinée à l'usage de dirigeables ; l'homme, pour se venger de ses voisins, avait érigé dans son propre terrain des pics très haut juste devant la piste des dirigeables. Si cet homme avait effectivement le droit d'ériger ce qu'il voulait sur sa propriété, il y avait [ici] une intention de nuire, et donc un abus du droit de propriété.

« Limites au droit de propriété », www.lemondepolitique.fr

Situation

L'article L112-16 [L113-8 depuis le 1er juillet 2021] du Code de la construction et de l'habitation vise à régler les troubles de voisinage entre un particulier et un acteur professionnel. [...] Il fixe des limites toutefois : l'agriculteur doit être en conformité avec les dispositions réglementaires ou législatives en vigueur et doit poursuivre son activité dans les mêmes conditions pour ne pas aggraver les nuisances. Un exemple : le fait qu'une parcelle de vigne conduite en bio soit vendue et désormais conduite en conventionnel par le nouvel acquéreur peut être considéré comme une aggravation de la nuisance.

« Troubles du voisinage : prévenir plutôt que guérir », propos de F. Coutant, notaire à Saint-Émilion, recueillis par C. Galbrun, www.reussir.fr

---

En Bourgogne, la viticulture est la première production Bio en nombre d'exploitations certifiées. En août 2021, Bio Bourgogne comptait 660 domaines bourguignons et franc-comtois certifiés, soit 140 de plus qu'un an avant. Toutefois, chaque année Bio Bourgogne enregistre des retraits.

www.agri71.fr, 28/01/2022.

12 Est-il juridiquement exact qu'un propriétaire peut user de sa propriété comme bon lui semble ? Justifiez votre réponse. Document 7

13 Quel attribut et quel caractère du droit de propriété trouvent leur limite dans la notion de trouble anormal du voisinage ? Document 7

14 Qu'est-ce qui différencie les deux types de troubles anormaux du voisinage ? Qu'est-ce qui les rapproche ? Document 7

15 Sur quel fondement juridique le voisin d'une exploitation bio « déconvertie » en viticulture classique pourrait-il agir en justice ? Documents 7 et 8

16 Quelle serait la sanction si le procès était gagné par le voisin du viticulteur ? Documents 7 et 8

17 Pourquoi ne serait-on pas en présence d'un abus du droit de propriété ? Documents 7 et 9

Allez plus loin

Préparez-vous au Grand Oral

Vers PIX D1.1

Qualifier un trouble anormal du voisinage

En prenant appui sur des exemples réels d'abus du droit de propriété et d'inconvénients anormaux du voisinage, vous présenterez un exposé visant à expliciter les points communs et les différences entre ces deux types de troubles du voisinage.

Vous prendrez appui sur vos connaissances et sur des articles en ligne, issus par exemple des sites https://voisinage.ooreka.fr et www.service-public.fr.

Applications

QUIZ
liennathan.fr/vqs263

1 Maîtriser le vocabulaire juridique

★

Complétez les phrases ci-dessous avec les termes suivants :

abus du droit de propriété – l'usufruit – copropriété
fructus – la nue-propriété – expropriation
usus – inconvénient anormal du voisinage – indivision

1. Le propriétaire qui prête son appartement à des amis met en œuvre son ....a.... , alors que s'il décidait de le louer, il mettrait en œuvre son ....b.... .
2. Le propriétaire qui désire obtenir un capital de sa maison, mais qui veut continuer à l'occuper – voire à la louer – peut céder ....c.... , tout en conservant ....d.... .
3. Si, en principe, la propriété est un droit exclusif, il existe néanmoins des situations où un bien appartient à plusieurs personnes en même temps : on parle de ....e.... ou d' ....f.... .
4. Il peut arriver qu'on subisse une mesure d' ....g.... , par laquelle on est dépossédé d'un bien de façon autoritaire par l'Administration, qui agit pour une cause d'utilité publique.
5. Celui qui use de son bien pour porter préjudice à autrui commet un ....h.... , tandis que celui qui gêne les voisins par un usage légitime de son bien fait naître un ....i.... .

2 Distinguer les attributs de la propriété

★

Pour chacune des situations ci-après, dites si elles relèvent de l'*usus*, du *fructus* ou de l'*abusus* de la propriété.

1. Le don de vêtements à une association caritative.
2. La mise à la décharge de vieux meubles.
3. L'habitation occasionnelle d'une maison de campagne.
4. L'installation d'amis en vacances dans une dépendance de la propriété.
5. La perception des loyers d'un local commercial.
6. L'attribution d'un tableau à un parent par testament.
7. La récolte des fruits du verger.
8. La consommation des fruits cueillis dans le verger.
9. L'abandon d'un loyer pour aider un locataire en difficulté.
10. La mise en sommeil de l'exploitation d'un champ (la mise en jachère).

3 Apprécier la portée de la défense du droit de propriété

★★

Une parcelle a été divisée en deux parcelles en exécution d'un acte notarié du 14 février 2008. [...] Une des parcelles issues de cette division a été attribuée aux propriétaires du terrain voisin. [...]

Le propriétaire d'origine de la parcelle divisée a reproché à ses voisins [...] d'avoir commis un empiètement sur sa propriété lors de l'édification d'un mur séparatif.

Ne parvenant pas à trouver un accord amiable, le premier propriétaire, victime de l'empiètement, a assigné ses voisins devant le tribunal judiciaire (à l'époque tribunal de grande instance) en sollicitant la démolition du mur litigieux qui empiète sur son fonds. Puis le litige a été porté devant la Cour d'appel de Lyon, qui a rejeté la demande de condamnation à démolir. [...] Cet arrêt de la Cour d'appel de Lyon retient en substance qu'un empiètement mineur n'entraîne pas nécessairement une condamnation à démolir. [...]

La Cour de cassation [...] réforme l'arrêt de la Cour d'appel. [...] La Cour de cassation rappelle donc qu'il n'y a pas de petit empiètement. Quelle que soit son ampleur, un empiètement doit être sanctionné par la démolition de l'ouvrage qui empiète.

Emmanuel Lavaud, www.village-justice.com, 29/06/2021.

1. Qualifiez les faits à l'origine du litige.
2. Pourquoi les juges du fond ont-ils considéré que l'action en justice constituait ici un abus du droit de propriété ?
3. Quel est le sens de l'arrêt de la Cour de cassation ?

DOC. Décision de la Cour de cassation 3e chambre civile – Arrêt du 4 mars 2021 (extraits)

M. N... fait grief à l'arrêt de rejeter sa demande en démolition du mur de M. et Mme X... dont les fondations empiètent sur sa parcelle [...] et en démolition de leur mur édifié en partie sur sa parcelle [...], alors « qu'en tout état de cause, le propriétaire d'un fonds sur lequel la construction d'un autre propriétaire empiète, fût-ce de manière minime, peut obtenir la démolition de l'empiètement [...] »
Vu l'article 545 du Code civil :
Selon ce texte, nul ne peut être contraint de céder sa propriété, si ce n'est pour cause d'utilité publique et moyennant une juste et préalable indemnité.
Pour rejeter la demande, l'arrêt retient l'absence d'empiètement des murs mais l'existence de débordements des fondations de béton qui, de faible ampleur [0,18 m] et aisément « rectifiables d'un coup de pioche », ne peuvent justifier la démolition entière d'un mur.
En statuant ainsi, alors qu'ayant constaté un empiètement, fût-il minime, il lui incombait d'ordonner toute mesure de nature à y mettre fin, la cour d'appel a violé le texte susvisé.
PAR CES MOTIFS, la Cour : CASSE ET ANNULE [...].

4 Justifier une atteinte au caractère absolu du droit de propriété

★

1. Dans quelle situation un propriétaire peut-il imposer à un de ses voisins de lui accorder un droit de passage ?
2. Comment se justifie l'atteinte au droit du propriétaire contraint d'accorder cette servitude ?
3. Dans quelle mesure cette règle est-elle aussi une affirmation du caractère absolu de la propriété ?

DOC. Articles du Code civil

Article 682 – Le propriétaire dont les fonds [terrains] sont enclavés et qui n'a sur la voie publique aucune issue, ou qu'une issue insuffisante, soit pour l'exploitation agricole, industrielle ou commerciale de sa propriété, soit pour la réalisation d'opérations de construction ou de lotissement, est fondé à réclamer sur les fonds de ses voisins un passage suffisant pour assurer la desserte complète de ses fonds, à charge d'une indemnité proportionnée au dommage qu'il peut occasionner.
Article 683 – Le passage doit régulièrement être pris du côté où le trajet est le plus court du fonds enclavé à la voie publique. Néanmoins, il doit être fixé dans l'endroit le moins dommageable à celui sur le fonds duquel il est accordé.

5 ★ Distinguer les obligations de l'usufruitier et celles du nu-propriétaire

Le fils de M. et Mme X... occupe un appartement dont ses parents sont nus-propriétaires. Il y a dix ans, il a reçu en donation l'usufruit de ce logement lorsque ses parents se sont retirés à la campagne pour y vivre leur retraite. Aujourd'hui, l'occupant de l'appartement est confronté à quelques ennuis : la chaudière du chauffage, vieille de vingt ans, est tombée en panne... et c'est définitif. Il faut dire que l'usufruitier n'a jamais assuré l'entretien de la machine. Devant l'importance de la dépense à engager, les nus-propriétaires et l'usufruitier se demandent qui doit payer.

1. Citez deux situations donnant naissance à l'usufruit d'un bien.
2. Pourquoi dit-on que l'usufruit permet « *de transmettre en douceur son patrimoine* » ?
3. Comment les charges d'un immeuble en usufruit sont-elles réparties entre l'usufruitier et le nu-propriétaire ?
4. Qui devra payer le remplacement de la chaudière ?
5. Donnez des exemples de dépenses d'entretien et de grosses réparations.

DOC. Usufruitier ou nu-propriétaire : qui paie quoi ?

Chaudière à changer, ascenseur à réparer… La loi fixe la répartition des petites et grosses dépenses entre l'usufruitier et le nu-propriétaire. État des lieux.

[…] Le plus souvent, les parents sont usufruitiers, ils occupent ou louent l'appartement, et le ou les enfants nus-propriétaires. Ils ne deviennent pleinement propriétaires qu'au décès de l'usufruitier. Cette solution permet de transmettre en douceur son patrimoine, mais elle peut tourner au vinaigre si l'entente familiale se dégrade. Cette propriété partagée exige donc de bien savoir qui paie quoi.

Entretien courant

Le porte-monnaie de l'usufruitier est souvent sollicité, puisque tous les travaux d'entretien et de conservation sont à sa charge, c'est ce qu'indique l'article 605 du Code civil : « L'usufruitier n'est tenu qu'aux réparations d'entretien… » Cela comprend aussi bien les travaux de peinture intérieure et extérieure, le ravalement, le remplacement d'une partie de la toiture, l'entretien, les réparations telles que le changement de la plomberie, de l'électricité, du chauffage, de l'ascenseur et des huisseries. […]

Travaux

L'article 605 du Code civil prévoit que « les grosses réparations demeurent à la charge du propriétaire, à moins qu'elles n'aient été occasionnées par le défaut de réparations d'entretien, depuis l'ouverture de l'usufruit, auquel cas l'usufruitier en est aussi tenu ».

L'article 606 précise : « Les grosses réparations sont celles des gros murs et des voûtes, le rétablissement des poutres et des couvertures entières. Celui des digues et des murs de soutènement et de clôture aussi en entier. » « Cette liste est limitative, souligne Nathalie Couzigou-Suhas, notaire à Paris. Tout ce qui n'est pas détaillé dans cet article relève de l'entretien et revient donc à l'usufruitier. »

M. Simon, « Usufruitier ou nu-propriétaire », www.lerevenu.com

6 ★★ Comprendre la notion d'inconvénients anormaux du voisinage

1. Qualifiez les faits et les parties concernées par le litige.
2. Quel est le sens de l'arrêt de la cour d'appel rappelé par la Cour de cassation ?
3. Quels sont les éléments de fait qui ont été déterminants dans cette décision ?
4. Cet arrêt signifie-t-il, selon vous, qu'un inconvénient anormal du voisinage ne peut exister qu'en cas de violation de la loi ou des règlements d'urbanisme ? Justifiez.

DOC. Arrêt de la Cour de cassation du 19 septembre 2019 (extraits)

Attendu [...] qu'en 1988 la société civile immobilière Les Maisons Guislain (la SCI) a acquis un immeuble qu'elle a donné à bail commercial jusqu'au 30 juin 2015 ; que [...] la mairie de la commune lui a indiqué que son projet de transformation du bâtiment existant en plusieurs logements n'était pas réalisable en raison de la présence à moins de cinquante mètres d'un élevage porcin et bovin appartenant à la société X... ; que la SCI a assigné celle-ci, ainsi que son gérant, M. X..., aux fins de voir ordonner la mise en conformité de leurs installations avec les prescriptions réglementaire et légales liées à l'exploitation des élevages porcins et la mise en œuvre des mesures nécessaires pour faire cesser les troubles anormaux de voisinage ; [...]
Attendu [...] qu'ayant constaté qu'il n'était pas contesté que la société X... exploitait un élevage porcin dans une porcherie installée à proximité immédiate de l'immeuble à usage commercial et industriel appartenant à la SCI et [...] que la SCI justifiait de l'atteinte portée à son droit de propriété [...], la cour d'appel [...] a pu, par ces seuls motifs, en déduire l'existence d'un trouble manifestement illicite et condamner la société X... à le faire cesser [...].

7 Se préparer au bac — Identifier la ou les règles applicables, indiquer la ou les solutions possibles et rédiger la réponse

Pour cette application, vous pouvez vous aider de la fiche méthode 4 et de la fiche méthode 5.

1. Dans le litige évoqué dans le document 1, qualifiez la situation au plan juridique : déterminez les faits et les parties en présence.
2. Identifiez les deux solutions juridiques opposées qui s'offraient aux juges du fond pour trancher ce litige. Justifiez chacune d'elles.
3. Indiquez la solution juridique retenue par la cour d'appel.
4. Rédigez en quelques lignes la réponse apportée par les juges à la demande de Mme X...

DOC. 1 À propos d'un arrêt de la Cour de cassation du 26 mars 2020

Un propriétaire s'opposait à ce que son voisin, propriétaire de l'immeuble contigu au sien, accédât [...] à la bande de terrain située entre leurs deux habitations, ce que ce dernier lui demandait depuis de nombreux mois à l'effet d'achever les travaux de crépissage entrepris sur sa villa. Face à la persistance de ce refus, le voisin finit par [l']assigner en justice [...]. Par un arrêt confirmatif, la cour d'appel accueillit ses demandes, lui accordant d'une part un accès provisoire au fonds contigu au sien et, d'autre part, une somme de 600 euros à titre de dommages-intérêts, sur le fondement de la responsabilité extracontractuelle.
Au soutien du pourvoi qu'il forma devant la Cour de cassation, le propriétaire [...] condamné au nom du tour d'échelle à laisser son voisin accéder à son terrain, dénonçait l'atteinte ainsi portée à son droit de propriété [...]. Rappelant les conditions de constitution du tour d'échelle, la Haute Juridiction rejette le pourvoi. [...] Il n'est pas rare que le juge octroie en même temps que cette autorisation de passage des dommages-intérêts [...] à la condition que le refus que lui opposait le propriétaire du fonds servant soit constitutif d'un abus [du droit de propriété].

Merryl Hervieu, actu.dalloz-etudiant.fr, 25/05/2020.

DOC. 2 La servitude de tour d'échelle

La servitude de tour d'échelle permet de disposer d'un accès temporaire sur la propriété des voisins pour effectuer des travaux nécessaires sur sa propre maison ou son immeuble construits très proches de la limite séparative, et qu'on ne peut pas effectuer à partir de chez soi. Il s'agit de pouvoir poser une échelle, voire des échafaudages, dans le jardin ou la cour du voisin pour atteindre son propre mur. Cette servitude, qui permet d'avoir un droit de passage temporaire chez son voisin pour réaliser ses propres travaux, ne résulte d'aucun texte de loi. [...]. C'est la jurisprudence qui en a progressivement délimité les contours. [...] Si toute tentative pour effectuer les travaux de chez soi s'est révélée impossible, votre voisin risque de commettre un abus de droit en s'opposant, dans ce cas, à la servitude de tour d'échelle que vous invoquez pour réaliser les travaux à partir de chez lui.

M. Gallois, www.pap.fr, 06/02/2020.

Synthèse

SYNTHÈSE AUDIO
liennathan.fr/xi24z4

Le droit de propriété sur les biens corporels

Les attributs complémentaires du droit de propriété
- ***Usus*** → Droit de se servir de la chose
- ***Fructus*** → Droit de profiter des fruits de la chose
- ***Abusus*** → Droit de disposer de la chose

Les caractères spécifiques du droit de propriété
- Droit **absolu**
  - Des prérogatives sans limites
  - Sauf le respect des limites légales
- Droit **exclusif**
  - Une seule personne est propriétaire
  - Sauf les cas de copropriété ou d'indivision
- Droit **perpétuel**
  - Non limité à la vie du propriétaire
  - Sauf expropriation par l'Administration

Une limite : le trouble anormal de voisinage
- **L'abus du droit de propriété**
  Intention de nuire
- **Les inconvénients anormaux du voisinage**
  Pas d'intention de nuire

→ Trouble anormal subi par le voisin, du fait de l'exercice de la propriété

Rédigez votre synthèse personnelle à l'aide des mots-clés suivants :

- Droit de propriété
- Attributs du droit de propriété
- *Usus*
- *Fructus*
- *Abusus*
- Caractère absolu du droit de propriété
- Caractère exclusif du droit de propriété
- Copropriété, indivision
- Caractère perpétuel du droit de propriété
- Expropriation
- Trouble anormal du voisinage
- Abus du droit de propriété
- Inconvénients anormaux du voisinage

Le droit de propriété sur les biens incorporels

10

Capacités

- Distinguer les biens corporels et les biens incorporels
- Identifier les composantes du droit d'auteur
- Connaître les enjeux de la protection juridique de la marque commerciale
- Identifier les conséquences de l'utilisation non autorisée d'une marque commerciale déposée

Vers PIX

D2.2. - Partager et publier

Avant la classe

Vidéo : Ed Sheeran accusé de plagiat pour son titre *Shape of You* : le verdict – *Brut*
liennathan.fr/84rsc7

La lutte contre le plagiat vous paraît-elle nécessaire ?

Situation

Des sketchs très inspirés…

[…] CopyComic [est le] nom de la chaîne YouTube ayant éventé le plagiat dont se rendraient coupables bon nombre d'humoristes français. Malik Bentalha, Michaël Youn, Tomer Sisley, Gad Elmaleh ou encore Jamel Debbouze : […] [tous] auraient puisé dans le répertoire de comiques étrangers, essentiellement anglo-saxons, de quoi alimenter leurs sketchs. Et la mise en miroir des spectacles des uns et des autres, dans des vidéos largement partagées, laisse peu de place au doute.

Jonathan Fanara, www.lemagducine.fr, 14/11/2022.

Hermès, le luxe à l'état pur

De la maroquinerie à la soie en passant par la mode, l'horlogerie et l'univers de la maison, Hermès, maison d'objets durables, réparables et innovants, cultive l'intemporalité au service d'un artisanat d'exception. Hermès s'attache à conserver l'essentiel de sa production en France au sein de ses manufactures. La maison familiale fait perdurer des savoir-faire d'excellence, avec notamment près de 5 600 artisans qui accomplissent les gestes exigeants pour donner naissance aux collections d'objets.

1 Identifier les biens incorporels

DOC. 1 Les biens incorporels

On a souvent à l'idée que la richesse est constituée de biens corporels, c'est-à-dire de biens qui ont une existence physique : une voiture, un bijou, une villa… Mais le patrimoine d'une personne comporte aussi des biens incorporels : la créance de remboursement d'une banque contre un emprunteur, la clientèle d'une entreprise, une invention technique, une création intellectuelle…
Même s'ils n'ont pas de consistance matérielle, ces biens ont une valeur pécuniaire. Le bien incorporel ne se confond pas avec son support matériel : un film se distingue du DVD ou du disque Blu-ray qui le contient.

DOC. 2 La propriété intellectuelle

La propriété intellectuelle a pour objet de reconnaître des droits sur les créations de l'esprit. On distingue deux branches : la propriété industrielle et la propriété littéraire et artistique.

Propriété industrielle

- Protection des innovations techniques par des **brevets d'invention**. L'inventeur pourra seul exploiter son invention.

- Protection des innovations esthétiques par les **dessins et modèles** : représentation graphique (*design*) d'un produit.

- Protection des signes distinctifs d'une entreprise par l'obtention d'une **marque**.

Propriété littéraire et artistique

La propriété littéraire et artistique protège les auteurs d'œuvres littéraires, artistiques, musicales, cinématographiques en leur reconnaissant un **droit d'auteur** sur leur création.

DOC. 3 L'intérêt de la protection de la propriété intellectuelle

Les biens incorporels nécessitent une protection particulière par le droit. En effet, à l'ère du numérique, ces biens peuvent circuler sans entrave, au détriment de la propriété des personnes qui les ont créés : streaming et téléchargements illégaux remettent en cause par exemple les droits du créateur sur son œuvre. De même, les copies illicites d'une marque célèbre nuisent à la notoriété de l'entreprise titulaire de cette marque.
La protection des créations intellectuelles est donc nécessaire pour que le créateur puisse obtenir un retour sur les investissements qu'il a réalisés : le droit lui reconnaît le droit exclusif d'exploiter sa création. La reconnaissance d'une protection stimule l'innovation et permet aux inventeurs et aux artistes d'obtenir des financements, puisqu'ils sont garantis de tirer profit de leurs créations.

Situation

Gad Elmaleh est un comédien et humoriste très connu. Ses spectacles rencontrent de grands succès.

1 Les spectacles de Gad Elmaleh sont-ils des biens corporels ou incorporels ? Justifiez votre réponse. Document 1

2 Gad Elmaleh est-il propriétaire de tous les DVD de ses spectacles ? Document 1

3 Les droits de Gad Elmaleh sur ses spectacles relèvent-ils de la propriété industrielle ou de la propriété littéraire et artistique ? Document 2

4 Pourquoi est-il nécessaire de protéger la propriété de Gad Elmaleh sur ses spectacles ? Document 3

Situation

La marque Hermès est rapidement reconnue grâce à son célèbre logo.

5 La marque Hermès est-elle un bien corporel ou incorporel ? Justifiez votre réponse. Document 1

6 Le détenteur d'un sac Hermès est-il propriétaire de la marque Hermès ? Document 1

7 La marque Hermès relève-t-elle de la propriété industrielle ou de la propriété littéraire et artistique ? Document 2

8 Pourquoi est-il nécessaire de protéger la marque Hermès ? Document 3

9 Par quel outil est protégée chacune des créations suivantes ? Document 2

a. Le nouveau clip vidéo d'un chanteur.

b. L'invention d'un purificateur d'air portable.

c. Le logo de l'entreprise Nike.

d. Les croquis de la nouvelle collection Zara.

Allez plus loin !

Peut-on regarder gratuitement des films sur Internet ? Vers PIX D2.2

Article : « Streaming illégal : qu'est-ce que c'est ? » – Centre européen des consommateurs France liennathan.fr/cc4c25

1 Expliquez ce qu'est le streaming.

2 Quelle est la différence majeure entre le streaming légal et le streaming illégal ?

3 Quels sont les outils qui permettent, en France, de lutter contre le streaming illégal ?

2 Identifier les composantes du droit d'auteur

DOC. 4 Qu'est-ce que le droit d'auteur ?

Toute personne qui crée une œuvre originale, qu'elle soit littéraire (un roman, une conférence...), musicale (une chanson), ou graphique (une peinture), se voit accorder sur cette œuvre un « droit d'auteur » : la paternité sur sa création lui est ainsi reconnue. Le droit d'auteur est également accordé aux créateurs de sites Internet, de logiciels... Toute œuvre intellectuelle peut être ainsi protégée. Cependant, une simple idée n'est pas protégée : il faut que cette idée soit matérialisée dans un support.

DOC. 5 Le contenu du droit d'auteur

Le droit d'auteur confère à l'auteur un droit patrimonial et un droit moral sur son œuvre.

Droit patrimonial	Droit moral
L'auteur bénéficie du **droit exclusif d'exploiter son œuvre**. Il peut ainsi : • interdire ou autoriser l'utilisation et la représentation de son œuvre ; • percevoir une rémunération en cas de reproduction de son œuvre.	Le droit moral permet à l'auteur de : • décider librement de divulguer ou non son œuvre ; • revendiquer que son nom soit indiqué lors de la présentation de l'œuvre ; • s'opposer à la dénaturation de son œuvre ; • retoucher et modifier son œuvre.
Le droit patrimonial dure toute la vie de l'auteur et pendant 70 ans après son décès au profit de ses héritiers. Le droit patrimonial peut être vendu.	Le droit moral est perpétuel (il est transmis aux héritiers de l'auteur). Le droit moral ne peut pas être vendu.

DOC. 6 Plagiat dans l'humour : interview de Me Perrichon, avocate

Est-ce qu'un sketch ou une blague peuvent être protégés ?
Maître Valérie Perrichon : [...] Les textes des humoristes sont des œuvres protégées [par le droit d'auteur]. [...] Pourvu qu'elle soit originale, c'est-à-dire qu'elle porte l'empreinte de la personnalité de son auteur, l'œuvre est protégée dès sa création. Pas besoin de dépôt comme pour une marque. Mais pour prouver la date de création, il existe plusieurs solutions, comme le dépôt dans une société gérant les droits d'auteur comme la SACD (Société des auteurs et compositeurs dramatiques) ou la SACEM (Société des auteurs, compositeurs et éditeurs de musique).
Qu'est-ce que le plagiat ?
Cette notion n'est pas juridique. En droit, on parle de contrefaçon, c'est-à-dire la reproduction ou l'utilisation d'une œuvre sans l'accord de son auteur. [...]
Que risque l'auteur d'un plagiat ?
Ça peut lui coûter jusqu'à 3 ans d'emprisonnement et 300 000 € d'amende et la victime de contrefaçon peut obtenir des dommages et intérêts en fonction du préjudice. Plus l'auteur du plagiat a eu de succès avec l'œuvre copiée, plus il est susceptible de payer.

Sylvain Merle, www.leparisien.fr

Situation

Les enjeux financiers de la réalisation et de la production d'un spectacle sont importants. Il faut donc que Gad Elmaleh puisse exploiter ses spectacles afin d'obtenir un retour financier au regard des investissements engagés.

10 Pourquoi Gad Elmaleh bénéficie-t-il d'un droit d'auteur sur ses spectacles ? Document 4

11 Qui peut exploiter les droits sur les spectacles et en tirer profit ? Document 5

12 Gad Elmaleh peut-il vendre les droits d'exploitation de ses spectacles ? Justifiez. Document 5

13 Comment le droit moral protège-t-il Gad Elmaleh ? Document 5

14 Pendant combien de temps Gad Elmaleh est-il protégé par son droit d'auteur ? Document 5

15 Gad Elmaleh doit-il réaliser des démarches pour que soit reconnu son droit d'auteur sur chacun de ses spectacles ? Document 6

Situation

Faute avouée à moitié pardonnée ? L'humoriste Gad Elmaleh reconnaît « une partie de vrai » dans les accusations de plagiat portées contre lui [par CopyComic], mais les juge « démesurées » par rapport à ce que cela représente dans son travail [...].

www.20minutes.fr, 27/12/2022.

16 Sur quel fondement Gad Elmaleh pourrait-il être condamné ? Document 6

17 À quoi pourrait-il être condamné ? Document 6

Allez plus loin !

À quoi sert la Sacem ?

Vidéo : « La Sacem fête ses 170 ans » – Sacem
liennathan.fr/z952ra

1 Quand a été créée la Sacem ?

2 Quelles sont les œuvres dont la Sacem assure la protection ?

3 Comment la Sacem assure-t-elle une protection efficace des droits d'auteur ?

3 Comprendre la protection de la marque commerciale

DOC. 7 Qu'est-ce qu'une marque ?

Une marque est un signe qui permet à une entreprise de distinguer les produits qu'elle fabrique ou qu'elle commercialise de ceux de ses concurrents. La marque reflète l'image que l'entreprise souhaite diffuser auprès de ses partenaires et de ses clients.
Elle peut être un signe pouvant faire l'objet d'une représentation graphique ou être représentée grâce aux nouvelles technologies (une vidéo, un hologramme…).
Parmi les signes graphiques, on distingue :

Marque nominale	Marque sonore	Marque figurative	Marque semi-figurative
Un ou plusieurs mots, des lettres, des chiffres, un slogan, un nom…	Une musique avec ou sans paroles, un son	Un dessin, un logo	Une combinaison de mots et de dessins
Coca-Cola	Musique de la SNCF		Michel et Augustin les trublions du goût

DOC. 8 La protection de la marque

inpi

Une entreprise a intérêt à protéger sa marque, afin d'éviter que ses concurrents ne la copient pour profiter de sa notoriété. En France, pour protéger sa marque, il faut la déposer auprès de l'Institut national de la propriété industrielle (INPI).

Une fois la marque enregistrée, le déposant bénéficie d'un **monopole d'exploitation de sa marque** pendant une durée de dix ans (renouvelable indéfiniment). Ce monopole lui permet de s'opposer à ce qu'un concurrent utilise sa marque sans son autorisation. Le propriétaire de la marque peut autoriser un tiers, contre rémunération, à apposer sa marque sur les biens et services qu'il produit.

DOC. 9 Contrefaçon de sacs Hermès

[…] Vingt-trois personnes – dont neuf anciens salariés d'Hermès – ont été condamnées mercredi 24 février [2021] à Paris pour avoir participé à un réseau de contrefaçon de sacs « Birkin ». Ils se sont vu infliger des peines allant jusqu'à six ans ferme et 1,5 million d'euros d'amende.
Le tribunal a condamné différents groupes de prévenus, selon les cas, à payer un total de 10,4 millions d'euros de dommages et intérêts [au groupe Hermès en raison du manque à gagner et l'atteinte à son image]. […]
Le tribunal a évalué à 400 le nombre de sacs fabriqués dans des « ateliers clandestins » à Hongkong ou en France et à 800 le nombre de sacs tirés du système dit de « bon du personnel », qui autorise un salarié d'Hermès à fabriquer un sac pour son compte – mais normalement sans le revendre. Quelque 340 « Birkin » – le modèle phare de la marque – ont par ailleurs été écoulés via un réseau national, qui avait des fournisseurs en commun avec le réseau principal, international.

www.lemonde.fr, 24/02/2021.

Situation

Connue dans le monde entier, la marque Hermès a toujours attisé la convoitise de ses concurrents. La marque apporte à l'entreprise une forte protection.

18 Indiquez l'image que reflète la marque Hermès. ▶ Document 7

19 Déterminez le type de marque qu'est Hermès. ▶ Document 7

20 Donnez un exemple de : ▶ Document 7

a. marque nominale

b. marque sonore

c. marque figurative

d. marque semi-figurative

21 Une marque est-elle nécessairement représentée par un signe ? ▶ Document 7

22 Auprès de qui une entreprise doit-elle déposer sa marque pour la protéger ? ▶ Document 8

23 Quel est l'intérêt, pour Hermès, d'avoir une marque déposée ? ▶ Document 8

24 Pendant combien de temps une marque est-elle protégée ? ▶ Document 8

25 Pour quels faits les vingt-trois personnes ont-elles été condamnées ? ▶ Document 9

26 Listez et qualifiez les sanctions prononcées par le tribunal. ▶ Document 9

27 Expliquez l'importance stratégique pour une entreprise que sa marque soit déposée. ▶ Documents 7, 8 et 9

Allez plus loin !

Déposer la marque Neymar sans être Neymar, est-ce possible ?

Vidéo : Déposer la marque Neymar sans être Neymar, est-ce possible ? – Le Droit pour moi
liennathan.fr/438ewe

1 Par qui et auprès de qui la marque « Neymar » a-t-elle été enregistrée ?

2 Pourquoi le Tribunal de l'Union européenne a-t-il été saisi ?

3 Expliquez la décision rendue par le Tribunal de l'Union européenne le 14 mai 2019.

Applications

QUIZ
liennathan.fr/6nxz94

1 Comprendre et acquérir le vocabulaire juridique

Indiquez les mots issus du vocabulaire juridique correspondant aux définitions ci-dessous.

Verticalement

1. Terme expliquant que seul le titulaire de la marque peut l'utiliser.

2. Qualifie la propriété qui protège toutes les créations de l'esprit.

3. Qualifie une marque constituée par un signe graphique.

Horizontalement

4. Organisme qui protège la propriété industrielle.

5. Qualifie un bien n'ayant pas d'existence physique.

6. Signe distinctif d'un produit ou service d'une entreprise.

7. Qualifie le droit de l'auteur de s'opposer à la dénaturation de son œuvre.

8. Durée en années de l'exclusivité d'une entreprise sur sa marque.

9. Protège les inventions techniques.

10. Utilisation non autorisée d'une marque.

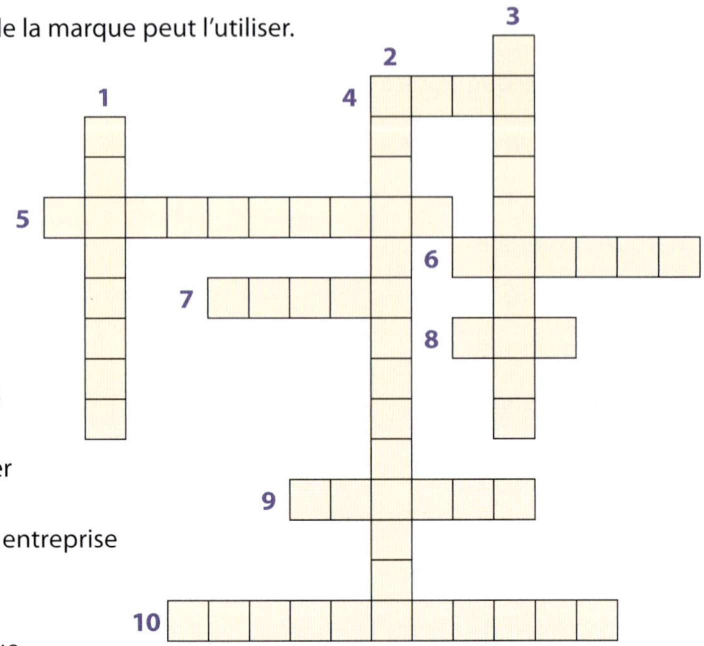

2 Maîtriser le vocabulaire juridique

1. Reformulez les idées suivantes en veillant à expliquer le terme juridique souligné.

a. Une personne peut être propriétaire de biens incorporels.

b. L'auteur détient un droit moral sur l'œuvre qu'il a créée.

c. Avoir une marque est important pour la compétitivité d'une entreprise.

2. Reformulez les propositions suivantes en utilisant le bon vocabulaire juridique.

a. L'auteur d'une œuvre a le droit d'exploiter son œuvre et d'être rémunéré en cas de reproduction ou d'utilisation de son œuvre.

b. Une personne est condamnée pour plagiat si elle recopie l'œuvre d'un auteur.

c. Seul le titulaire de la marque peut l'utiliser et l'exploiter.

3 Distinguer les biens corporels et les biens incorporels

Après une vie bien remplie, Louis Grandin est décédé récemment. Le notaire chargé de régler la succession, Maître Delaloi, doit réaliser l'inventaire de ses biens.
Son patrimoine était composé des biens suivants.

1. Il vivait dans une maison dont il était propriétaire.
2. Il avait un compte bancaire et un compte d'épargne.
3. Passionné de cinéma, il avait un stock incroyable de DVD.
4. À la demande de ses petits-enfants, il avait écrit ses mémoires.
5. Il était propriétaire d'un studio mis en location. Le locataire n'a pas payé le dernier loyer.

Distinguez les biens corporels et les biens incorporels dont Louis Grandin était propriétaire. Justifiez vos qualifications.

4 Identifier les composantes du droit d'auteur

★

Hayange : la mairie condamnée pour avoir repeint une œuvre sans l'accord de l'artiste

[...] Le jugement [rendu en décembre 2019] dans l'affaire de la fontaine bleue de Hayange donne raison au sculpteur de l'œuvre. La commune devrait payer la somme de 4 000 euros à l'artiste pour violation du droit [de l'auteur, Alain Mila] au respect et à l'intégrité de son œuvre. En juillet 2014, le jeune maire Fabien Engelmann avait décidé de faire repeindre en bleu une partie de la sculpture [sans l'accord de l'artiste].

Stiliana Peev, france3-regions.fr, 20/01/2020.

1. Quels sont les faits à l'origine du litige ?
2. Expliquez à quoi et pourquoi la commune a été condamnée.
3. Alain Mila avait-il un délai à respecter pour se prévaloir de son droit moral ?

5 Identifier les composantes du droit d'auteur

★★

La cour d'appel de Douai a rendu le 21 octobre [2021] une décision très intéressante [...]. L'affaire opposait deux auteurs d'un ouvrage de photographies qui avaient cédé leurs droits d'auteur à une société d'édition et reprochaient à cette dernière d'avoir fait imprimer des affiches exposées à la vente dans une boutique de design basée à Lille. Selon les auteurs, le principe d'interprétation stricte des cessions de droits d'auteur s'opposait à ce que leur éditeur pût faire réaliser de telles impressions pour les exposer dans une boutique. [La cour d'appel a rejeté les demandes des deux auteurs].

M. Berguig, blip.education, 23/11/2021.

1. Qu'impose l'article L131-3 du Code de la propriété intellectuelle quand un auteur souhaite céder ses droits ?
2. Pourquoi les auteurs de l'ouvrage ont-ils agi en justice contre la société d'édition ?
3. Précisez les droits que les auteurs de l'ouvrage avaient cédés à la société d'édition.
4. Expliquez la solution rendue par la cour d'appel.

DOC. 1 Article L131-3 du Code de la propriété intellectuelle (extrait)

La transmission des droits de l'auteur est subordonnée à la condition que chacun des droits cédés fasse l'objet d'une mention distincte dans l'acte de cession et que le domaine d'exploitation des droits cédés soit délimité quant à son étendue et à sa destination, quant au lieu et quant à la durée.

DOC. 2 Solution rendue par la Cour d'appel de Douai le 21 octobre 2021

[S]'agissant de l'impression d'œuvres, la Cour a considéré qu'elle était visée dans la cession du droit de reproduction prévue par le contrat. Selon l'arrêt, « les auteurs ont cédé à l'éditeur l'ensemble des droits patrimoniaux [...] », ce qui impliquait notamment « le droit d'exploiter tout élément de l'ouvrage pour donner forme à tout objet ou marchandise, susceptible d'être exploité dans le commerce » [...] De même, s'agissant de l'exposition des affiches, elle met en œuvre le droit de représentation, qui a lui-même été cédé à la société d'édition, laquelle bénéficiait du « droit de présenter et communiquer au public tout ou partie de l'œuvre [...] ». [...] Si [la Cour] ne remet pas en cause le principe d'interprétation stricte des cessions de droits d'auteur, elle refuse de valider les interprétations trop restrictives ou de mauvaise foi des auteurs, qui empêcheraient un éditeur de pouvoir exploiter l'œuvre dont il détient les droits.

M. Berguig, blip.education, 23/11/2021.

6 Connaître les enjeux de la protection juridique de la marque

★★

Quand Lionel Messi marque...

Le 8 août 2011, Lionel Messi avait déposé auprès de l'EUIPO [l'Office de l'Union Européenne pour la propriété intellectuelle] une demande d'enregistrement d'une [marque], pour des appareils de sauvetage, des vêtements, chaussures et articles de gymnastique et de sport. Mais le titulaire de deux marques antérieures « Massi » désignant pour l'une des vêtements et chaussures pour la pratique du sport, et pour la seconde des dispositifs de protection à destination des cyclistes, avait formé opposition à l'enregistrement de la marque de l'international argentin, considérant qu'il existait un risque de confusion. [...] L'EUIPO [fait] droit à l'opposition.

Messi forme un recours et demande l'annulation de la décision litigieuse. Le 26 avril 2018, le Tribunal de l'Union européenne annule la décision de l'office européen. [Ce dernier] saisit alors la CJUE [Cour de justice de l'Union européenne].

La solution

La notable similitude entre les signes « Massi » et « Messi » avait été retenue pour faire initialement droit à l'opposition. Mais l'appréciation globale du risque de confusion conduit ici la CJUE à prendre en considération la notoriété du déposant de la marque [...]. N'est pas Messi qui veut, et la CJUE [dans un arrêt du 27 septembre 2020] retient que la réputation de celui-ci est telle qu'il n'est pas plausible que [...] le consommateur moyen, mis en présence du signe Messi désignant des vêtements, des articles de gymnastique ou de sport ainsi que des appareils et des instruments de protection, fasse abstraction de la signification de ce signe comme faisant référence au nom du célèbre joueur de football [...].

langlais-avocats.com, 22/10/2020.

1. Quels sont les faits à l'origine du litige ?
2. Retracez les étapes de la procédure judiciaire.
3. Relevez le motif de la décision de la CJUE.

7 Identifier les conséquences de l'utilisation non autorisée d'une marque

★

Il vendait des faux articles mais a écopé d'une vraie peine. Un homme de 35 ans a été condamné [mardi 8 novembre 2022] à 6 mois de prison ferme par le tribunal correctionnel d'Évry-Courcouronnes pour avoir vendu des contrefaçons de produits de luxe ou de marque – Christian Dior, Hermes, Louis Vuitton, Dolce Gabbana, The North Face... Il devra par ailleurs payer plus de 15 000 euros à la marque Dior qui s'est constituée partie civile, ainsi que plus de 8 000 euros à la marque Vuitton. Le vendeur s'est fait pincer le 5 mars dernier dans son entrepôt situé à Morangis (Essonne). Ce dernier avait été mis sous surveillance par la police [...]. [Un client a été] interpellé. Dans le sac, les policiers [ont trouvé] un faux manteau Prada acheté... 50 euros. Le client [a expliqué] que le vendeur avait un compte sur Snapchat dénommé « Sapologie », où les visiteurs choisissaient leurs articles, puis venaient les récupérer dans cet entrepôt de 15 m² à Morangis. À l'intérieur, les enquêteurs ont découvert pas moins de 283 articles contrefaits [...].

Sébastien Morelli, www.leparisien.fr, 8/11/2022.

1. Expliquez pour quelle raison l'homme a été poursuivi en justice.
2. Listez et qualifiez les sanctions prononcées par le tribunal correctionnel.

8 Se préparer au bac — Indiquer la ou les solutions juridiques possibles

Pour cette application, vous pouvez vous aider de la fiche méthode 5.

Des paillettes dans ma vie, un droit de propriété intellectuelle ?
L'humoriste Inès Reg, dans une vidéo virale publiée sur les réseaux sociaux, avait entamé un monologue désormais célèbre, ponctué des phrases « Les calculs sont pas bons Kévin ! » ou encore « C'est quand que tu mets des paillettes dans ma vie Kévin ? ». Les expressions, reprises sur les réseaux sociaux et dans le privé, n'ont pas tardé à intéresser les marques de grande distribution, qui se sont précipitées sur l'occasion pour lancer de nouvelles collections. L'auteure de ces phrases, Inès Reg, a fait le choix de lutter contre ce merchandising non-autorisé en déposant l'expression « je veux des paillettes dans ma vie » auprès de l'INPI à titre de marque [...].
Plusieurs sociétés ont été mises en demeure par l'avocat de l'humoriste de ne pas exploiter sans accord la réplique culte. Parmi elles, l'enseigne de vêtements pour jeunes Bizzbee [...] [ou] encore Interflora, McDonald, Leroy Merlin...

Cabinet d'avocats Bignon Lebray, www.bignonlebray.com, 3/01/2020.

1. De quelle protection l'humoriste bénéficie-t-elle avant le dépôt de sa marque ?
2. Quels sont les avantages pour l'humoriste de déposer une marque ?
3. Quels arguments les sociétés qui ont commercialisé des produits pourraient-elles opposer contre le dépôt par Inès Reg de sa marque « je veux des paillettes dans ma vie » ?
4. Expliquez comment et à quelles conditions la marque renforce la protection assurée par le droit d'auteur.

DOC. 1 Banksy perd les droits sur la marque déposée du *Lanceur de fleurs*

L'artiste britannique Banksy a perdu la marque déposée de son célèbre graffiti *Le Lanceur de fleurs* [...], selon une décision européenne [...] [rendue le 14 septembre 2020 par] l'Office de l'Union européenne pour la propriété intellectuelle (EUIPO) [...]. [Cette œuvre] représente un manifestant masqué sur le point de lancer un bouquet de fleurs. Le mystérieux artiste urbain [...] avait déposé une marque pour cette image auprès de l'Union européenne en 2014. Mais en 2018, le fabricant de cartes de vœux Full Colour Black, qui voulait utiliser l'œuvre pour ses produits, a contesté cette décision en argumentant que Banksy avait déposé la marque de « mauvaise foi », c'est-à-dire sans avoir l'intention de l'utiliser pour des produits ou des services.
« Il est clair que lorsque (Banksy) a déposé la marque, il n'avait aucune intention d'utiliser l'œuvre pour commercialiser des biens ou fournir des services », estime l'EUIPO dans sa décision.

francetvinfo.fr, 18/09/2020.

DOC. 2 En matière de marques, originalité ne veut pas dire distinctivité

Le 23 novembre 2017, le célèbre créateur Pierre Balmain a déposé une marque [...] représentant une tête de lion sur un médaillon encerclé par des anneaux formant une chaîne.
L'Office de l'Union Européenne pour la Propriété Intellectuelle (EUIPO) a rejeté cette demande [...] au motif que la marque demandée était dépourvue de caractère distinctif (notamment pour des boutons de manchettes). Le créateur a tenté d'invoquer l'originalité de son signe afin de faire valider cette marque en considérant que la représentation graphique fantaisiste et originale d'une tête de lion résulte d'une création artistique originale. [...] L'EUIPO [a écarté cet argument], propre au droit d'auteur et non au droit des marques, et a considéré que le caractère distinctif d'un signe ne saurait se déduire de sa prétendue fantaisie ou originalité. [...] [L'EUIPO en conclut] que ce signe ne permet [pas] d'exercer la fonction essentielle d'une marque, à savoir permettre au public d'associer un produit à une entreprise.

cda-avocats.fr

Synthèse

SYNTHÈSE AUDIO
liennathan.fr/k2s58w

Le droit de propriété sur les biens incorporels

- **Les biens incorporels**
  - Caractéristique des biens incorporels → Absence d'existence physique
  - Variété des biens incorporels → Créances, clientèle, marque d'une entreprise, droits sur un film…
  - Besoin de protection spécifique → Protection contre la circulation sans entrave de ces biens et leur reproduction sans autorisation

- **La propriété intellectuelle**
  - Protection de la **propriété littéraire et artistique** : le droit d'auteur
  - Protection de la **propriété industrielle** : brevets, marques, dessins et modèles
  - Le droit d'auteur
    - Définition → Droit reconnu **à l'auteur d'une œuvre** intellectuelle originale (un film, une musique, un roman…)
    - Contenu
      - Droit patrimonial : droit exclusif d'**exploiter l'œuvre**
      - Droit moral : droit perpétuel de **faire respecter l'œuvre**
    - Protection → Sanction de la violation du droit d'auteur par l'**action en contrefaçon** (sanctions civiles et pénales)
  - La marque
    - Définition et types
      - Signe distinctif permettant à une entreprise de différencier ses biens et ses services
      - **Marques** nominale, figurative, semi-figurative et sonore. Nouvelles marques : multimédias, hologrammes…
    - Protection
      - Reconnaissance d'un **monopole d'exploitation** de dix ans au titulaire de la marque déposée à l'INPI
      - Action **en contrefaçon** (sanctions civiles et pénales) en cas d'utilisation sans autorisation d'une marque déposée

Rédigez votre synthèse personnelle à l'aide des mots-clés suivants :

- Biens incorporels
- Propriété industrielle
- Propriété littéraire et artistique
- Droit d'auteur
- Droit moral
- Droit patrimonial
- Marque commerciale
- Monopole d'exploitation
- Action en contrefaçon

Propriétaire et je ne peux pas tout faire ?!

Capacités

- Identifier les attributs et caractères du droit de propriété
- Qualifier un trouble anormal du voisinage

À l'aide de vos connaissances et des ressources documentaires en annexe, analysez la situation juridique ci-dessous et répondez aux questions.

Situation

M. et Mme Chebat ont récemment fait l'acquisition d'une propriété immobilière située à Vendargues, près de Montpellier. Ils comptaient en faire leur résidence principale à la retraite, à laquelle ils seront en droit de prétendre en 2026. La maison et son jardin, idéalement situés et bénéficiant d'un ensoleillement maximal, leur ont plu et leur ont fait accepter un prix d'achat assez élevé.

Mais depuis quelques semaines, le couple Chebat déchante. Leur plus proche voisin, installé comme éleveur de volailles à Vendargues depuis très longtemps, vient d'agrandir le parc destiné aux dindes en le rapprochant de la limite de leur propriété. M. et Mme Chebat ont immédiatement constaté des nuisances diverses, en particulier les gloussements bruyants et quasi continus des volatiles et l'odeur désagréable de leurs déjections. Au point que, selon eux, leur jardin a perdu tout attrait.

N'ayant pas pu obtenir à l'amiable que l'exploitant agricole déplace son installation, M. et Mme Chebat envisagent de se tourner vers le tribunal.

1. Résumez les faits en les qualifiant juridiquement et identifiez le problème juridique posé.
2. Proposez l'argumentation juridique que pourraient développer M. et Mme Chebat pour obtenir le déplacement forcé de l'installation des dindes.
3. Proposez l'argumentation juridique que pourrait développer le voisin de M. et Mme Chebat pour faire rejeter leur demande.
4. Quelle serait, selon vous, l'issue de ce conflit ?

ANNEXE 1 Code civil

Article 544 – la propriété est le droit de jouir et disposer des choses de la manière la plus absolue, pourvu qu'on n'en fasse pas un usage prohibé par les lois ou par les règlements.

ANNEXE 2 Article de doctrine (extraits)

Création jurisprudentielle, le trouble anormal du voisinage a été consacré par deux arrêts de principe rendus par la Cour de cassation le 6 avril 1960 [...].
Il en ressort que le trouble peut avoir un caractère fautif ou non. Mais doit causer à autrui une nuisance, un dérangement ou un désordre. Il faut donc obligatoirement un dommage.
Ce dommage peut résulter de la violation d'une loi, d'une réglementation, d'un contrat, mais le non-respect d'une règle ne cause pas toujours un trouble.
Le trouble de voisinage est donc un dommage anormal créé au voisin, qui oblige l'auteur du trouble à dédommager la victime du préjudice subi. Seuls les troubles excédant les inconvénients normaux de voisinage engagent la responsabilité de leur auteur. De plus, le caractère excessif du trouble s'apprécie en fonction des circonstances de l'espèce. [...]

ANNEXE 2 ***suite***

[…]

La responsabilité pour trouble de voisinage est une responsabilité objective qui peut être mise en œuvre indépendamment de toute faute de son auteur.

Les juges ont retenu, par exemple, comme troubles anormaux du voisinage :

- l'utilisation d'un instrument de musique comme la batterie, l'utilisation excessive d'un appareil de radio ;
- la détention de chiens de garde bruyants et dangereux, l'installation de huit à dix ruches dans un jardin, la présence d'un chenil contenant un trop grand nombre de chiens ;
- le tapage nocturne résultant de l'exploitation d'un café, la perte d'ensoleillement […], les poussières, les odeurs, la vibration, l'infiltration d'eau.

Stéphanie Oswald, avocat au barreau de Lyon,
« L'ABC du trouble anormal du voisinage », www.juritravail.com, 22/06/2017.

ANNEXE 3 Cour de cassation, 3e chambre civile, arrêt du 13 juillet 2022 (extraits)

Faits et procédure – […] Par acte du 22 octobre 2015, M. et Mme H…, propriétaires voisins de M. et Mme W…, ont assigné ceux-ci aux fins d'être indemnisés, sur le fondement des troubles anormaux de voisinage, pour la perte d'ensoleillement du fait de la hauteur excessive de leurs arbres.

Examen du moyen – Énoncé du moyen – M. et Mme W… font grief à l'arrêt de déclarer recevable la demande d'indemnisation formée par M. et Mme H… au titre de la perte d'ensoleillement et de les condamner à payer à ceux-ci une certaine somme à titre de dommages-intérêts, alors « que l'action fondée sur les troubles de voisinage est une action […] qui se prescrit [s'éteint] par cinq ans, à compter du jour où la victime en a eu connaissance ; que si la cause du trouble existe depuis plus de cinq ans, il appartient à la victime de démontrer que c'est depuis moins de cinq ans que le trouble s'est aggravé au point d'excéder les inconvénients normaux du voisinage » […].

Réponse de la Cour – La cour d'appel, qui a relevé que les troubles s'étaient aggravés entre mai 2015, date à laquelle le soleil, en milieu d'après-midi était caché sur la moitié de la propriété de M. et Mme H…, et juin 2018, le soleil n'éclairant alors plus leur terrain, a pu retenir que, du fait de la poussée des arbres, le trouble allégué s'était s'aggravé dans les cinq ans de l'assignation […]

PAR CES MOTIFS, la Cour : REJETTE le pourvoi […].

ANNEXE 4 Cour de cassation, 3e chambre civile, arrêt du 27 février 2020 (extraits)

Attendu, selon l'arrêt attaqué (Metz, 17 mai 2018), que, soutenant qu'à l'occasion de la construction d'une maison d'habitation, M. G… avait rehaussé le niveau de son terrain retenu par un mur de soutènement, ce qui était à l'origine d'une perte d'ensoleillement et de vue, et qu'il avait installé des prises d'air verticales alimentant un système de chauffage, lui occasionnant un trouble anormal du voisinage, M. T… l'a assigné en arasement du terrain et du mur de soutènement, en déplacement de cheminées et en réparation des préjudices subis ;

Attendu que M. T… fait grief à l'arrêt de rejeter ses demandes ;

Mais attendu, ayant retenu […] que la preuve n'était pas rapportée, d'une part, que les aménagements réalisés par M. G… sur son terrain aient aggravé la vue dont il disposait sur le fonds voisin, d'autre part, que l'installation de prises d'air dans l'axe d'une baie vitrée ou l'utilisation d'un étendoir à linge occasionnaient un trouble anormal de voisinage, la cour d'appel […] a légalement justifié sa décision ;

PAR CES MOTIFS, la Cour : REJETTE le pourvoi […]

Fiche méthode

1 Présentation de l'épreuve de droit et économie

L'épreuve écrite de spécialité

L'**épreuve écrite** de droit et économie est une épreuve de **coefficient 16** et d'une durée de **4 heures**, composée de deux parties indépendantes : une **partie juridique** et une **partie économique**, chacune notée sur 10. Chaque partie comprend des documents, ainsi qu'un questionnement (4 ou 5 questions au maximum) portant sur ces documents et mobilisant vos connaissances. Le programme à connaître est celui de la classe de première ainsi que celui des trois premiers thèmes de la classe de terminale.

La partie juridique

1 Objectifs de l'épreuve

La **partie juridique** vise à évaluer vos capacités à analyser une ou plusieurs situations juridiques et à construire une argumentation pertinente au regard du problème posé, c'est-à-dire :

– qualifier juridiquement une situation ;

– identifier la ou les règles juridiques applicables en l'espèce ;

– indiquer la ou les solutions juridiques possibles ;

– utiliser un vocabulaire juridique adapté ;

– expliquer le sens d'une règle juridique et de son évolution.

2 Structure de l'épreuve

Il vous est remis un dossier composé de plusieurs documents accompagnés d'un questionnement portant sur un ou plusieurs thèmes abordés dans le programme de droit.

Les ressources documentaires sont principalement constituées de cas de jurisprudence (décisions de justice), de contrats, de textes de loi, articles de codes et règlements, de notes de doctrine, en particulier des commentaires de décisions de justice.

La partie économique

1 Objectifs de l'épreuve

La **partie économique** vise à évaluer vos capacités à analyser un problème économique d'actualité et à construire une argumentation pertinente au regard d'un problème posé, c'est-à-dire :

– expliquer les notions et les mécanismes économiques mis en jeu dans le problème considéré à partir de vos connaissances et des informations fournies dans la documentation ;

– interpréter des données économiques de natures différentes et à partir de différents supports ;

– réaliser des calculs économiques en lien avec les notions traitées dans le programme ;

– répondre à une question relative à des débats actuels sur l'économie de façon argumentée.

2 Structure de l'épreuve

Le dossier est composé de plusieurs documents accompagnés d'un questionnement portant sur un ou plusieurs thèmes abordés dans le programme.

Les documents les plus fréquemment proposés peuvent être des textes, des tableaux, des graphiques. Le questionnement est progressif : il porte d'abord sur les concepts et l'analyse des documents, pour terminer par une argumentation structurée avec une problématique clairement exposée. Il est prévu qu'une des premières questions puisse nécessiter des calculs économiques simples, en relation avec le programme. Dans ce cadre, la calculatrice électronique serait autorisée.

L'oral de rattrapage

Le candidat ayant obtenu au baccalauréat une note moyenne au moins égale à 8/20 et inférieure à 10/20 est autorisé à présenter les épreuves orales du second groupe (« oraux de rattrapage » ou « épreuves de contrôle »).

Lors de ce rattrapage, le candidat se présente à deux épreuves orales dans deux disciplines qu'il choisit parmi celles qui ont fait l'objet d'épreuves écrites au premier groupe, y compris les épreuves anticipées. Il peut donc s'agir d'un oral de droit-économie.

Fiche méthode

2 Qualifier juridiquement une situation

Comprendre la consigne

Le sujet d'examen énonce une situation concrète décrite dans un langage courant. Il vous est demandé de la qualifier juridiquement. Cela signifie qu'il faut traduire cette situation dans un langage juridique. Cette étape permettra d'identifier les règles de droit générales applicables à cette situation particulière.
Il faut donc commencer par une analyse rigoureuse des informations fournies dans le cas pratique.

Repérer les principales informations de la situation

Il s'agit de repérer les parties impliquées dans la situation, le lien juridique entre elles, les faits relatés et les éventuelles suites envisagées.

Éléments à repérer	Comment les repérer ?
Les parties impliquées dans la situation	Qui est impliqué ? Quels sont les acteurs ?
Le lien juridique	Quelle relation unit les acteurs de la situation ?
Les faits relatés	Qu'est-ce qu'il s'est passé ? Quelles sont les conséquences ?
Les suites, le dénouement	Y a-t-il une suite envisagée ?

EXEMPLE :

Fadila est propriétaire d'une maison de campagne, entourée d'un vaste terrain. Alors qu'elle revient dans cette maison après plusieurs semaines d'absence, elle se rend compte que Sam, le voisin, propriétaire du terrain qui jouxte le sien, a profité de son absence pour édifier un cabanon qui empiète sur son terrain. Fadila, très mécontente de ne pas avoir obtenu un règlement amiable de cette situation, envisage d'agir en justice pour faire démolir le cabanon en partie construit chez elle.

Utiliser des termes juridiques pour qualifier la situation

Chacun des éléments doit ensuite être exprimé avec le bon terme juridique.

Éléments	Exemples de qualification
Les parties impliquées	Demandeur/défendeur, propriétaire/voisin, personne morale/représentant de la personne…
Le lien juridique	Contrat, voisinage, représentation, contrefaçon…
Les faits	Accident d'automobile, construction sans droit, abus du droit de propriété, inconvénient anormal du voisinage, plagiat, contrefaçon, dommages…
Les suites	Montant des réparations attribuées, réparation en nature (démolition, expulsion)…

EXEMPLE :

Éléments de la situation	Langage courant	Termes juridiques correspondants
Les parties impliquées	Fadila Sam	Propriétaire d'un immeuble Propriétaire voisin
Le lien juridique	Propriétés voisines	Voisinage de propriétés
Les faits	La construction d'un cabanon empiétant chez le voisin	Une construction partiellement effectuée sur le terrain d'autrui
Les suites	Fadila veut voir disparaître le cabanon.	Fadila veut obtenir une réparation en nature : la démolition de l'immeuble édifié sans droit sur son terrain.

Rédiger de façon concise en utilisant les termes juridiques

Il faut se limiter aux informations indispensables et qui ont une conséquence juridique.

EXEMPLE :

Fadila, propriétaire d'un bien immobilier, constate l'édification d'une construction à cheval sur son terrain. Sam, le propriétaire voisin, à l'origine de la construction sans droit, n'a pas accepté de règlement amiable du litige. Fadila envisage donc de demander en justice la démolition de l'ouvrage.

Fiche méthode

3 Formuler le problème de droit

Comprendre la consigne

Formuler le problème juridique, c'est traduire le cas proposé en une question juridique d'ordre général dont la solution découlera de règles de droit. Cette tâche suppose au préalable d'avoir qualifié les faits juridiquement.

Il est le plus souvent demandé de « *formuler le problème juridique* », mais on peut également vous demander d'« *identifier le(s) problème(s) juridique(s)* » ou d'« *énoncer le(s) problème(s) juridique(s)* », etc.

Généraliser

Les règles de droit sont générales et impersonnelles. Aucun texte juridique n'envisage précisément le cas de Fadila, propriétaire qui constate que son voisin a construit un cabanon empiétant sur son terrain. Il faut donc :

– dépasser le cas concret et élargir la réflexion à tous les cas voisins, à toutes les affaires de même nature ;
– extrapoler, passer du particulier au général.

EXEMPLE :

La qualification juridique a été élaborée dans la Fiche 2 :

Fadila, propriétaire d'un bien immobilier, constate l'édification d'une construction à cheval sur son terrain. Sam, le propriétaire voisin, à l'origine de la construction sans droit, n'a pas accepté de règlement amiable du litige. Fadila envisage donc de demander en justice la démolition de l'ouvrage.

Termes juridiques de la qualification juridique	Termes juridiques élargis
Fadila, propriétaire d'une maison de campagne et d'un terrain Sam, le voisin à l'origine de la construction	La propriétaire dont la propriété est violée L'auteur d'une construction chez autrui
Une construction sans droit	Un empiétement sur la propriété d'autrui
La construction cause un préjudice à la propriétaire qui veut la faire supprimer.	La demande de réparation en nature par la démolition du bien édifié sans droit

Formuler le problème de droit

Il s'agit d'énoncer en termes concis, généraux, impersonnels, la question posée par la situation.

EXEMPLE :

La question pour le juriste est alors :

Dans quelle mesure un propriétaire constatant une construction empiétant sur son terrain peut-il en obtenir la démolition ?

OU

La démolition d'une construction en violation du droit de propriété du voisin est-elle justifiée ?

La question juridique qui se pose est le point de départ d'un raisonnement fondé sur des textes juridiques (loi, règlements, contrats) et/ou sur la jurisprudence.

Quelques exemples de problèmes de droit

– Quelles sont les possibilités de recours à l'encontre d'une décision de justice ?
– Dans quelle mesure un incapable mineur peut-il réaliser certains actes juridiques ?
– Le propriétaire peut-il faire tout ce qu'il veut de sa propriété ?
– Quelles sont les composantes du droit d'auteur ?
– À quelles conditions une marque commerciale est-elle protégée ?

Fiche méthode

4 Identifier la ou les règles juridiques applicables

Comprendre la consigne

Pour résoudre le problème juridique posé par la situation du sujet, vous devez repérer la ou les règles générales qui vont pouvoir s'appliquer au cas. Ces règles sont souvent rappelées dans les annexes.

Il peut s'agir d'articles de loi (Code civil, Code du travail, Code pénal…), d'extraits de contrat (de travail, de vente…), de décisions ou d'extraits de décisions de justice (arrêts d'une cour d'appel ou de la Cour de cassation), etc.

Identifier les règles propres à résoudre le problème juridique posé

Identifier les règles applicables consiste à reconnaître ou distinguer les éléments relatifs au cas proposé.

1 Repérer les mots-clés du problème juridique

En effet, les mots-clés sont autant de jalons pour trouver la solution. Il peut s'agir de termes juridiques qui guident vers le domaine du droit concerné (ex. : propriété, empiétement, responsabilité, contrat de vente), mais également d'éléments qui précisent les points à examiner dans le cadre juridique retenu (ex. : sanction de la violation du droit de propriété, conditions de la responsabilité). Il est donc essentiel d'avoir bien formulé le problème juridique au préalable.

EXEMPLE :

Le problème de droit a été formulé dans la Fiche 3 :

Dans quelle mesure un propriétaire constatant une construction empiétant sur son terrain peut-il en obtenir la démolition ?

2 Les mettre en relation avec les informations utiles dans les documents fournis

Cela conduit à rattacher les éléments de la documentation à chacun des mots-clés.

EXEMPLE :

Le principe du caractère absolu de la propriété → Code civil – Article 545

La sanction légale de l'empiétement → Code civil – Article 555 (extrait)

L'application de la sanction légale de l'empiétement par la Cour de cassation → Sanctions de l'empiétement : point sur la jurisprudence de la Cour de cassation

DOCUMENT

Code civil – Article 545

Nul ne peut être contraint de céder sa propriété, si ce n'est pour cause d'utilité publique, et moyennant une juste et préalable indemnité.

Code civil – Article 555 (extrait)

Lorsque les plantations, constructions et ouvrages ont été faits par un tiers et avec des matériaux appartenant à ce dernier, le propriétaire du fonds a le droit […] soit d'en conserver la propriété, soit d'obliger le tiers à les enlever.

Sanctions de l'empiétement : point sur la jurisprudence de la Cour de cassation

Dans [un arrêt du 10 novembre 2016], la Cour de cassation considère qu'un empiétement de 0,04 m² sur la propriété voisine ne permet pas de fonder une demande de démolition. Elle lui préfère un « *rabotage permettant de mettre fin à l'empiétement constaté* ». Aussi, elle casse la décision de la cour d'appel qui avait ordonné la destruction totale de l'ouvrage. En conclusion, lorsque le juge est saisi d'une demande de démolition, il doit rechercher si une autre solution (telle que l'adaptation de la construction litigieuse) permet de mettre fin à l'empiétement [...].

La Cour de cassation rappelle clairement que nul ne peut être contraint de subir un empiétement sur sa propriété et souligne dans le même temps qu'une solution alternative à la destruction totale de l'ouvrage peut être recherchée pour mettre fin à l'empiétement. (Cour de cassation, 3e chambre civile, arrêt du 10 novembre 2016 –n° 15-25113)

Sanction de l'empiétement : point sur la jurisprudence de la Cour de cassation, Agence Nationale pour l'Information sur le Logement (ANIL) – www.anil.org

Fiche méthode

5 Indiquer la ou les solutions juridiques possibles et rédiger la réponse

Appliquer les règles pour dégager la solution juridique

Appliquer les règles consiste à les utiliser, c'est-à-dire faire précisément correspondre les règles générales que vous avez identifiées avec le cas particulier de la situation. Il faut comprendre les éléments de droit des documents et vérifier leur adéquation à la situation concrète. Ce rapprochement va construire une argumentation juridique qui doit conclure sur une réponse, soit positive (les conditions sont réunies, *ex.* : X doit démolir sa construction), soit négative (les conditions ne sont pas remplies, *ex.* : la construction de X ne sera pas démolie).

EXEMPLE :

Documents de référence	Cas particulier
Peut-on dire que le propriétaire a un droit absolu sur son bien ?	
Code civil – Article 545 Nul ne peut être contraint de céder sa propriété, si ce n'est pour cause d'utilité publique, et moyennant une juste et préalable indemnité.	Fadila n'a pas fait l'objet d'une expropriation pour cause d'utilité publique. C'est un voisin qui porte atteinte à la propriété de son immeuble. → On peut donc bien dire que Fadila est en droit de faire cesser les troubles à la propriété qu'elle subit.
Peut-on dire que la demande de démolition de Fadila est fondée juridiquement ?	
Code civil – Article 555 (extraits) Lorsque les plantations, constructions et ouvrages ont été faits par un tiers […], le propriétaire du fonds a le droit […] d'obliger le tiers à les enlever. Si le propriétaire du fonds exige la suppression des constructions, plantations et ouvrages, elle est exécutée aux frais du tiers, sans aucune indemnité pour lui ; le tiers peut, en outre, être condamné à des dommages-intérêts pour le préjudice éventuellement subi par le propriétaire du fonds.	En accord avec les règles du Code civil, Fadila peut demander que la construction faite sans droit sur son terrain soit enlevée aux frais de son voisin. → La demande de démolition de Fadila est fondée juridiquement.
Peut-on dire que la demande de démolition de Fadila est adéquate ?	
Extrait d'un arrêt du 10 novembre 2016 de la Cour de cassation La Cour considère qu'un empiétement de 0,04 m^2 sur la propriété voisine ne permet pas de fonder une demande de démolition. Elle lui préfère un « *rabotage permettant de mettre fin à l'empiétement constaté* ». [...] Lorsque le juge est saisi d'une demande de démolition, il doit rechercher si une autre solution (telle que l'adaptation de la construction litigieuse) permet de mettre fin à l'empiétement.	Le rapprochement de la jurisprudence et des règles légales montre qu'il existe une alternative : soit l'empiétement sur le terrain de Fadila est significatif et la solution adéquate consiste dans la démolition du cabanon de Sam, soit l'empiétement est minime et une opération de rabotage de la construction suffira pour faire cesser le trouble subi par Fadila. → Les juges devront examiner concrètement la situation pour trancher entre la démolition complète du cabanon ou son simple « *rabotage* ».

▶ **Conclusion :** L'empiétement sur le terrain d'autrui pour construire sans droit est sanctionné par la loi. En principe, le propriétaire qui a subi le trouble peut exiger la démolition de l'ouvrage. Toutefois, la jurisprudence considère que si l'empiétement est minime, la sanction adaptée consiste dans la mise en conformité des lieux, grâce à une simple opération de rabotage de la construction.

Rédiger la réponse

La solution doit découler d'un raisonnement. L'utilisation des mots ou d'expressions de liaison tels que « or, mais, donc, par conséquent, il en résulte… » est un soutien nécessaire à l'énoncé de la solution.
Votre réponse devra comporter plusieurs parties :

1. le résumé des faits à l'origine du problème ;
2. la présentation des éléments de droit applicables ;
3. la mise en correspondance du droit avec les faits ;
4. la déduction de la solution.

Fiche méthode

6 Exploiter les documents juridiques : comprendre la décision de justice

Situer la décision de justice dans les étapes d'un procès

La décision peut être une réponse à d'autres décisions antérieures. Il faut repérer de quelle juridiction elle émane, et donc à quelle étape du procès on se situe.

EXEMPLE :

La propriétaire d'un terrain découvre que son voisin a fait construire un cabanon qui empiète sur sa propriété. Elle décide de saisir la justice pour obtenir la démolition de cette construction.

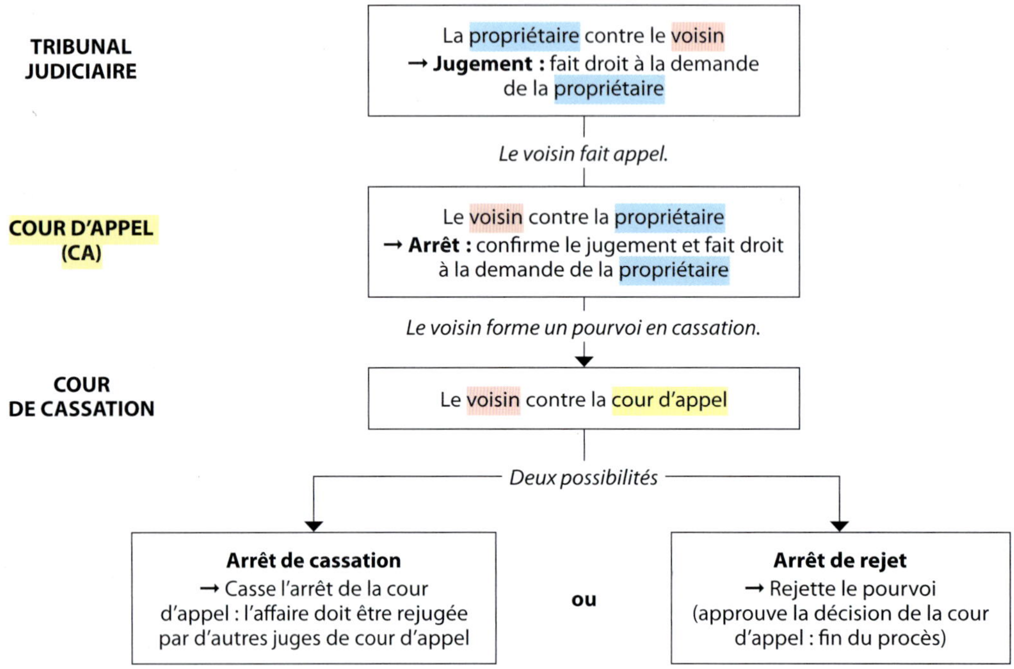

Identifier la décision de la Cour de cassation dans un arrêt

Les arrêts de la Cour de cassation sont composés de plusieurs paragraphes, comportant chacun une information distincte, et retraçant l'historique de l'affaire. La structure des arrêts varie selon qu'il s'agit d'un **arrêt de cassation** ou d'un **arrêt de rejet**.

ARRÊT DE CASSATION	ARRÊT DE REJET
Énoncé de la règle de droit *Vu…*	
Exposé des faits *Attendu* → Faits *Attendu que* → Raisonnement de la CA	**Exposé des faits** *Attendu* → Faits *Attendu que* → Raisonnement du pourvoi
Argumentation de la Cour de cassation *Qu'en statuant ainsi, qu'en se déterminant…*	**Argumentation de la Cour de cassation** *Mais attendu que…*
Solution de la Cour de cassation *CASSE ET ANNULE…*	**Solution de la Cour de cassation** *REJETTE…*

Identifier les éléments clés d'un arrêt de cassation

ÉNONCÉ DE LA RÈGLE DE DROIT
Sont énoncés ici le ou les textes sur lesquels la Cour de cassation fonde sa décision.

EXPOSÉ DES FAITS
La Cour de cassation rappelle les faits tels qu'elle les tient de la juridiction précédente. Cela permet de comprendre quels étaient, au premier degré, les demandeur et défendeur, quel est le problème juridique et quel est l'objet du procès.

Décision et arguments de la juridiction précédente
La décision attaquée est clairement citée ainsi que ses motifs.

ARGUMENTATION DE LA COUR DE CASSATION
La Cour de cassation précise les arguments qui lui font censurer la décision attaquée.

SOLUTION DE LA COUR DE CASSATION
La Cour de cassation indique ici qu'elle casse l'arrêt de la cour d'appel et précise la suite de la procédure. Dans d'autres cas, elle rejette le pourvoi.

Arrêt de la Cour de cassation du 10 novembre 2016, 3e chambre civile (extraits)

Sur le moyen unique :

> Un **moyen** est un « *argument de l'auteur du pourvoi* », c'est-à-dire de celui qui, insatisfait de la décision précédente, a saisi la Cour de cassation d'un « pourvoi ».

Vu les articles 544 et 545 du Code civil ;

> Mot introductif des paragraphes d'un arrêt de la Cour de cassation

Attendu, selon l'arrêt attaqué (Bourges, 2 juillet 2015), que M. et Mme X…, propriétaires de la parcelle AN 305, et M. et Mme Y…, propriétaires de la parcelle AN 151, ont assigné leur voisin, M. Z…, propriétaire de la parcelle 462, en enlèvement d'un bâtiment constituant un atelier-garage empiétant sur leurs fonds ;

Attendu que, pour ordonner la démolition totale du bâtiment, l'arrêt retient qu'il empiète sur le fonds de M. et Mme X…, que les considérations de l'expert selon lequel l'empiétement représenterait une bande d'une superficie de 0,04 m^2 sont inopérantes au regard des dispositions des articles 544 et 545 du Code civil et que cet empiétement fonde la demande de démolition de la construction litigieuse ;

Qu'en statuant ainsi, sans rechercher, comme il le lui était demandé, si un rabotage du mur n'était pas de nature à mettre fin à l'empiétement constaté, la cour d'appel n'a pas donné de base légale à sa décision ;

PAR CES MOTIFS :

> À la fin des **arguments** de la Cour

> **Décision** de la Cour de cassation : censure de la juridiction précédente

CASSE ET ANNULE, mais seulement en ce qu'il condamne M. Z… à démolir le bâtiment édifié sur sa parcelle 462, […] à Decize (58), et dit que cette démolition devra être achevée dans un délai de six mois de la signification du présent arrêt, sous astreinte de 200 euros par jour de retard passé ce délai, l'arrêt rendu le 2 juillet 2015, entre les parties, par la cour d'appel de Bourges ; remet, en conséquence, sur ce point, la cause et les parties dans l'état où elles se trouvaient avant ledit arrêt et, pour être fait droit, les renvoie devant la cour d'appel d'Orléans […].

Fiche méthode

Prendre en compte la réforme de la rédaction des décisions de la Cour de cassation

La Cour de cassation a adopté, depuis fin 2019, de nouvelles normes de rédaction de ses décisions. Le style est direct, sans « attendu » ni phrase unique, les paragraphes sont numérotés et les grandes parties de l'arrêt clairement identifiées :

– Faits et procédure ;
– Examen du ou des moyens (c'est la critique de la décision attaquée par le pourvoi) ;
– Dispositif de l'arrêt (ce que décide la Cour de cassation).

Les arrêts soumis à l'analyse pourront donc revêtir la forme « traditionnelle », dès lors qu'ils sont antérieurs à 2020 (voir extrait proposé p. 139) ou être rédigés selon la forme nouvelle.

Exemple de nouvelle rédaction d'un arrêt de la Cour de cassation :

Arrêt de la Cour de cassation du 8 juillet 2020, chambre sociale (extraits)

Faits et procédure

1. Selon l'arrêt attaqué (Grenoble, 2 octobre 2018), M. G…, engagé le 1er juillet 2010 par la société LPG Systems en qualité de « webmarketeur », a été licencié pour faute grave le 2 avril 2015.

2. Le 10 avril 2015, le salarié a saisi la juridiction prud'homale de demandes relatives tant à l'exécution qu'à la rupture de son contrat de travail.

Examen des moyens

[…]

Énoncé du deuxième moyen

4. Le salarié fait grief à l'arrêt de le débouter de sa demande en paiement de dommages-intérêts pour harcèlement moral alors :

« 1°/ que le harcèlement moral est constitué indépendamment de l'intention de son auteur ; […] la cour d'appel qui retient que l'exposant ne démontre pas [l'intention de l'employeur] […] a violé l'article L. 1152-1 du Code du travail ;

2°/ que peuvent caractériser un harcèlement moral les méthodes de gestion mises en œuvre par un supérieur hiérarchique dès lors qu'elles se manifestent pour un salarié déterminé par des agissements répétés ayant pour objet ou pour effet d'entraîner une dégradation de ses conditions de travail susceptibles de porter atteinte à ses droits et à sa dignité, d'altérer sa santé physique ou mentale ou de compromettre son avenir professionnel ; […] la cour d'appel, qui, pour écarter tout harcèlement, retient que […] ces agissements sont justifiés par des éléments objectifs étrangers à tout harcèlement et n'a pas légalement justifié sa décision au regard de l'article L. 1152-1 du Code du travail. »

Réponse de la Cour

Vu les articles L. 1152-1 et L. 1154-1 du Code du travail, le second dans sa rédaction antérieure à la loi n° 2016-1088 du 8 août 2016 :

5. Aux termes du premier texte visé, aucun salarié ne doit subir les agissements répétés de harcèlement moral […].

6. Il résulte du second de ces textes, que lorsque survient un litige, le salarié établit des faits qui permettent de présumer l'existence d'un harcèlement et au vu de ces éléments, il incombe à la partie défenderesse de prouver que ces agissements ne sont pas constitutifs d'un tel harcèlement […].

7. Pour débouter le salarié de sa demande de dommages-intérêts au titre du harcèlement moral, l'arrêt [a] énoncé que le harcèlement moral n'est en soi, ni la pression, ni le surmenage, ni le conflit personnel ou non entre salariés, ni les contraintes de gestion […].

8. En statuant ainsi, alors que le harcèlement moral est constitué indépendamment de l'intention de son auteur, la cour d'appel, qui a [estimé] que l'employeur justifiait ses agissements par des éléments objectifs étrangers à tout harcèlement, a violé les textes susvisés. […]

PAR CES MOTIFS, […] la Cour : CASSE ET ANNULE […] l'arrêt rendu le 2 octobre 2018 par la cour d'appel de Grenoble […].

Lexique

A

Abus du droit de propriété : trouble causé au voisin par un propriétaire, avec l'intention de lui nuire.

***Abusus* :** l'une des prérogatives du droit de propriété, celle de disposer de la chose (vendre, donner, détruire).

Accord amiable : accord conclu entre deux parties à un litige pour y mettre fin sans procès.

Accords collectifs : accords conclus entre des employeurs (ou des groupements patronaux) et des organisations syndicales représentatives de salariés portant sur un point particulier des conditions de travail (accord salarial, accord sur la formation professionnelle continue, etc.).

Acte authentique : document écrit, rédigé par un officier public compétent (notaire, officier d'état civil, etc.).

Acte d'administration : acte de gestion du patrimoine qui ne met pas en péril le patrimoine sur lequel il s'exerce, par exemple un contrat de location, la vente d'un bien meuble d'usage courant.

Acte de disposition : acte de gestion grave du patrimoine qui peut mettre en péril le patrimoine sur lequel il s'exerce, par exemple la vente d'un bien immeuble, la vente de meubles précieux.

Acte juridique : manifestation de volonté d'une ou de plusieurs personnes dans le but de produire des conséquences juridiques.

Acte sous signature privée : document écrit, rédigé par les parties s'engageant les unes envers les autres sous leur simple signature (manuscrite ou électronique).

Action en contrefaçon : action visant à engager la responsabilité de celui qui porte atteinte à la propriété intellectuelle par imitation, reproduction ou exploitation non autorisées d'une création de l'esprit.

Administration légale : régime d'administration des biens du mineur qui, selon la loi, est confiée à ses parents.

Appel : recours offert à tout justiciable qui lui permet de faire rejuger une affaire par une juridiction hiérarchiquement supérieure à celle qui a rendu le jugement en premier ressort.

Arrêtés : décisions de portée générale ou individuelle qui émanent d'un ou de plusieurs ministres (arrêté ministériel) ou d'autres autorités administratives (arrêté préfectoral ou municipal).

Assignation : acte de procédure par lequel une partie à un litige fait convoquer son adversaire devant la justice.

Attributs du droit de propriété : prérogatives reconnues au propriétaire, dont la somme constitue le droit de propriété ; il s'agit de l'*usus*, du *fructus* et de l'*abusus*.

Audience : phase du procès durant laquelle les demandes et arguments des parties sont exposés devant le tribunal.

Autorité légitime : autorité dont le pouvoir d'élaborer les règles de droit est justifié par le processus démocratique qui l'a désignée.

Aveu : reconnaissance par une partie au procès du bien-fondé de la prétention de l'adversaire.

B

Biens corporels : au sens propre, droit de propriété des choses matérielles ; par extension, toutes les choses matérielles, objets de droit.

Biens immeubles : biens qui ne peuvent se déplacer ni être déplacés ou biens rattachés à un immeuble par la destination qu'ils ont reçue.

Biens incorporels : droits portant sur une chose matérielle distincts de la propriété ; par extension, tous les biens sans consistance matérielle.

Biens meubles : biens qui peuvent se déplacer ou être déplacés, ou tous les biens qualifiés de « meubles » par détermination de la loi.

C

Capacité (juridique) : aptitude d'une personne à être titulaire de droits (capacité de jouissance) et à les exercer (capacité d'exercice).

Caractère absolu du droit de propriété : absence de limite au droit de propriété et opposabilité de ce droit aux tiers.

Caractère cessible (des droits patrimoniaux) : faculté des droits patrimoniaux d'être cédés (vendus ou donnés).

Caractère exclusif du droit de propriété : principe selon lequel un bien n'a qu'un propriétaire qui cumule à lui seul toutes les prérogatives liées à ce droit.

Caractère général (de la règle de droit) : principe selon lequel la règle de droit est la même pour tous les sujets de droit.

Caractère légitime (de la règle de droit) : caractère incontestable de la règle de droit lié à la légitimité de l'autorité qui en est à l'origine.

Caractère obligatoire (de la règle de droit) : principe selon lequel la règle de droit s'impose à tous, sous peine de sanction.

Caractère perpétuel du droit de propriété : principe selon lequel le droit de propriété ne disparaît pas en cas de non-usage et se transmet à ses héritiers.

Caractère saisissable (des droits patrimoniaux) : faculté des droits patrimoniaux d'être saisis par un créancier impayé.

Caractère transmissible (des droits patrimoniaux) : faculté des droits patrimoniaux d'être transmis par voie de succession.

Charge de la preuve : obligation de prouver ses dires lors d'un procès.

Commission nationale de l'informatique et des libertés (CNIL) : autorité administrative indépendante chargée de veiller à la protection des libertés individuelles et des données personnelles, en particulier lors des usages informatiques de ces données.

Compétence d'attribution : règles déterminant la matière des procès relevant de chaque type de tribunal ou juridiction.

Constitution : ensemble des règles qui déterminent la forme du gouvernement d'un pays (régime politique), les rapports entre gouvernants et citoyens ainsi que les libertés et les droits fondamentaux. En France, la Constitution de la Ve République est en vigueur depuis le 4 octobre 1958.

Contravention : infraction jugée par le tribunal de police, punie d'une amende jusqu'à 1 500 euros et/ou d'une peine privative de droit (exemple : suspension du permis de conduire).

Contrôle de constitutionnalité : contrôle opéré par le Conseil constitutionnel de la conformité d'une loi à la Constitution.

Copropriété : situation dans laquelle le droit de propriété a été acquis par deux ou plusieurs personnes.

Crime : infraction jugée par la cour d'assises, punie d'une peine d'emprisonnement jusqu'à la perpétuité et/ou d'une amende d'au moins 3 750 euros.

Curatelle : régime d'incapacité organisant la protection des majeurs qui ont besoin d'une assistance du fait de l'altération de leurs facultés personnelles.

Curateur : personne chargée par le juge des tutelles d'assister le majeur en curatelle lors de la conclusion des actes juridiques.

D

Décrets : textes élaborés soit par le président de la République, soit par le Premier ministre, en vue notamment de préciser les conditions d'application d'une loi.

Défendeur : partie à un litige qui s'oppose aux prétentions du demandeur.

Délit : infraction jugée par le tribunal correctionnel, punie d'une amende d'au moins 3 750 euros et/ou d'une peine d'emprisonnement de dix ans au plus.

Demandeur : partie à un litige qui engage une procédure pour faire valoir ses prétentions.

Dénomination (d'une personne morale) : appellation sous laquelle une personne morale est enregistrée auprès des organismes compétents (RCS, préfecture, etc.).

Dépôt de plainte : démarche par laquelle une personne qui s'estime victime d'une infraction en avise le procureur de la République, dans le but de faire engager des poursuites contre l'auteur de l'infraction.

Directives (européennes) : textes de droit élaborés par les instances européennes, dont l'application dans [illegible]ue pays de l'Union suppose [illegible]ansposition en droit interne par un texte de droit national (loi ou décret).

Domicile : lieu du principal établissement d'une personne physique.

Dommages-intérêts : somme d'argent dont le paiement est mis à la charge du responsable pour indemniser la victime d'un dommage ou le créancier d'une obligation non exécutée.

Données à caractère personnel : termes désignant toutes les informations concernant une personne physique identifiée et identifiable.

Droit à l'image : droit extrapatrimonial rattaché au droit au respect de la vie privée, selon lequel chacun a un droit exclusif sur son image lui permettant d'autoriser ou de refuser l'utilisation et l'exploitation de cette image.

Droit à l'information : droit de regard de toute personne sur ses données personnelles et sur le traitement qui en est fait par toute organisation.

Droit au respect de la vie privée : droit extrapatrimonial permettant à chacun de s'opposer à la divulgation des éléments de sa vie personnelle et familiale : sa vie sentimentale, son orientation sexuelle, sa pratique religieuse, son image, etc.

Droit d'auteur : droit issu de la propriété littéraire et artistique composé d'un droit patrimonial et d'un droit moral.

Droit de propriété : droit réel conférant à son titulaire la faculté de se servir de la chose, d'en recueillir les fruits et de disposer librement de cette chose.

Droit européen : droit issu des institutions européennes, soit sous forme de droit originaire (les traités européens) soit sous forme de droit dérivé (les règlements et directives de l'Union européenne).

Droit moral (de l'auteur) : droit permettant à l'auteur de décider de divulguer ou non son œuvre, d'en revendiquer l'attribution, de s'opposer à toute dénaturation de son œuvre, de la modifier librement ; ce droit, perpétuel, inaliénable et imprescriptible, est attaché à la personne de l'auteur et se transmet à ses héritiers.

Droit négocié : ensemble des règles de droit du travail élaborées par accord entre les partenaires sociaux, syndicats de salariés d'une part, employeurs ou groupements patronaux d'autre part.

Droit patrimonial (de l'auteur) : droit exclusif de l'auteur d'exploiter son œuvre sous quelque forme que ce soit et d'en tirer un profit pécuniaire ; ce droit peut être cédé à des tiers, il s'exerce durant toute la vie de l'auteur et bénéficie à ses héritiers durant 70 ans après sa mort.

Droits de la personnalité : droits extrapatrimoniaux dont l'objet est la protection de l'intégrité d'une personne, intégrité physique d'une part (droit au respect du corps humain), intégrité morale d'autre part (droit à l'honneur, droit au respect de la vie privée).

Droits extrapatrimoniaux : droits subjectifs sans valeur économique constitués par des droits publics et politiques (libertés de pensée, d'expression, etc.), des droits collectifs (droit de grève, liberté syndicale, etc.) et des droits de la personnalité (droits au respect de la vie privée, à la présomption d'innocence, etc.).

Droits intellectuels : droits reconnus au créateur d'une œuvre originale, constitués de la propriété littéraire et artistique et de la propriété industrielle.

Droits patrimoniaux : droits subjectifs à caractère économique portant soit sur des choses (droits réels), soit sur des personnes (droits personnels ou de créance).

Droits personnels : droits patrimoniaux s'exerçant à l'égard d'une personne (également appelés « droits de créance »).

Droits réels : droits patrimoniaux portant sur des choses (le droit de propriété, par exemple).

E

Égalité (principe) : principe selon lequel toutes les personnes sont traitées de la même façon par le droit.

État de droit : système juridique dans lequel le respect du droit s'impose non seulement à toutes les personnes, mais aussi à l'État.

Expropriation : mesure administrative par laquelle un propriétaire est privé de son bien pour une cause d'utilité publique. L'expropriation donne lieu à indemnisation.

F

Fait juridique : événement voulu ou non qui entraîne des effets juridiques indépendamment de la volonté des personnes concernées.

***Fructus* :** l'une des prérogatives du droit de propriété, celle de bénéficier des fruits que peut produire la chose.

G

Genre : concept de différenciation des personnes selon leur sexe.

H

Habilitation familiale : dispositif permettant au proche d'un majeur incapable désigné par le juge des tutelles de le représenter dans les actes de la vie courante ; cette habilitation permet d'éviter le recours à la tutelle ou à la curatelle.

Hiérarchie des normes : classement hiérarchisé de l'ensemble des sources du droit imposant à une source inférieure d'être conforme à une source supérieure.

I

Incapacité (juridique) : inaptitude d'une personne à être titulaire de droits (incapacité de jouissance) ou à les exercer (incapacité d'exercice).

Inconvénients anormaux du voisinage : troubles excessifs causés au voisin par un propriétaire, sans intention toutefois de lui nuire.

Indivision : situation dans laquelle plusieurs personnes partagent le droit de propriété, chacune ayant le droit de mettre un terme à cette situation par une demande de partage.

Infraction : atteinte à l'ordre public d'une gravité variable faisant encourir à son auteur une sanction pénale adaptée à cette gravité.

Instance : terme désignant le déroulement de la procédure judiciaire.

Intime conviction du juge : appréciation faite par le juge de la valeur des preuves imparfaites.

J

Juge aux affaires familiales : juge dont les fonctions consistent à régler les affaires touchant au droit de la famille (divorce, problèmes liés à l'autorité parentale, etc.). Ce juge exerce aussi les fonctions de juge des tutelles des mineurs.

Juge des contentieux de la protection : juge exerçant les fonctions de juge des tutelles des majeurs protégés.

Juge des tutelles : magistrat chargé de décider du régime de protection juridique des majeurs incapables et de contrôler leur mise en œuvre.

Juridictions de droit pénal : tribunaux dits répressifs, chargés de juger et sanctionner les auteurs d'infractions.

Juridictions de droit privé : tribunaux chargés de régler les litiges entre les personnes privées, particuliers et entreprises.

Jurisprudence : ensemble des décisions de justice ou, plus précisément, solution habituellement apportée par les juges à un problème de droit, et plus particulièrement solution des juges suprêmes (Cour de cassation).

L

Laïcité (principe) : principe garantissant à tous le même droit à la liberté de conscience, le droit d'adhérer ou non à une religion, et aussi la séparation de l'État et des organisations religieuses.

Liberté (principe) : principe autorisant à chacun de choisir le mode d'organisation de sa vie en disposant de droits fondamentaux, comme les libertés de pensée, d'expression, de se déplacer, de choisir son activité professionnelle, etc.

Litige : désaccord entre deux ou plusieurs personnes concernant la réalité et/ou l'exercice d'un droit.

Lois : textes créateurs de règles de droit adoptés par le Parlement.

M

Marque commerciale : signe distinctif permettant la différenciation d'un produit ou d'un service proposé par une entreprise.

Mise en examen : mise en cause d'une personne dans le cadre de poursuites pénales s'il apparaît au juge d'instruction que sa participation à l'infraction est vraisemblable.

Mode de preuve : moyen par lequel les parties à un procès peuvent prouver un acte ou un fait juridique ; la preuve peut être faite, selon les cas, par un écrit, par un témoignage, par un aveu, etc.

Monopole d'exploitation : droit exclusif reconnu à toute personne titulaire d'un droit de propriété intellectuelle d'exploiter sa création.

N

Nom : principal élément d'individualisation d'une personne physique, déterminé par le choix des parents à la naissance ; le nom de l'enfant est celui du père, de la mère ou des deux accolés.

O

Ordonnances : textes réglementaires par leur origine mais législatifs dans leur contenu, car adoptés par le gouvernement dans des domaines de compétences en principe réservés au Parlement.

Ordre public : règles de droit auxquelles nul ne peut déroger ; l'ordre public a pour but d'assurer la protection de l'intérêt général ou de défendre des sujets de droit en situation de faiblesse relative (salariés, consommateurs).

P

Partie civile : personne qui, à l'occasion d'un procès pénal, demande au tribunal la réparation du préjudice qui lui a été causé par l'infraction poursuivie.

Patrimoine : ensemble des droits et des obligations à caractère pécuniaire d'une personne juridique (physique ou morale).

Personnalité juridique : aptitude à être sujet de droits et d'obligations.

Personne morale : groupement de personnes disposant de la personnalité juridique constitué, par exemple, pour défendre des intérêts privés soit lucratifs (sociétés), soit non lucratifs (associations).

Personne physique : tout être humain bénéficiant de la personnalité juridique.

Pourvoi en cassation : recours formé contre une décision rendue en dernier ressort ; le pourvoi est exercé par une partie qui estime que le droit n'a pas été correctement appliqué par les juges du fond.

Présomption (de fait ou judiciaire) : mode de raisonnement juridique qui, à partir de l'établissement d'un fait, déduit l'existence d'un autre fait qui n'est pas prouvé.

Lexique

Présomption légale : mode de raisonnement juridique qui permet d'établir, à partir d'un fait, un autre fait qui n'a pas à être prouvé. C'est la loi qui dispense de prouver le fait inconnu qu'il serait impossible ou difficile d'établir.

Prétentions : contenu de la demande et de la défense à un procès, c'est-à-dire de ce que les parties réclament en justice.

Preuve électronique : preuve écrite constituée sur support électronique ; sous conditions de fiabilité, elle a la même valeur qu'une preuve écrite « classique ».

Procès civil : procès devant les juridictions de droit privé visant à régler entre des personnes privées un litige né d'un dommage subi, de l'inexécution d'un contrat, d'une cause familiale, etc.

Procès équitable : principe selon lequel chaque justiciable dispose de plusieurs garanties de bonne justice : le droit d'être jugé publiquement, par un juge indépendant et impartial ; d'être présent ou représenté devant le tribunal ; de connaître les arguments et les preuves de son adversaire.

Procès pénal : procès dont le but est de sanctionner les atteintes à l'ordre public résultant des infractions.

Propriété industrielle : droit ayant pour objet la protection des innovations techniques (par la délivrance de brevets), des innovations esthétiques (par la protection des dessins et modèles) et des signes distinctifs d'un produit (par la protection de la marque) ; c'est l'une des deux branches de la propriété intellectuelle.

Propriété littéraire et artistique : protection des auteurs d'œuvres littéraires, artistiques, musicales et cinématographiques par la reconnaissance d'un droit d'auteur sur leur création ; c'est l'une des deux branches de la propriété intellectuelle.

R

Règle de droit : règle organisant la vie en société ; à la différence d'autres règles sociales, les règles de droit sont générales, obligatoires et contraignantes.

Règlement général sur la protection des données (RGPD) : règlement de l'Union européenne entré en vigueur le 25 mai 2018 et applicable à toutes les organisations (entreprises, administrations publiques, associations…) qui traitent des données à caractère personnel.

Règlements (européens) : textes de droit européen, directement applicables dans tous les États membres de l'Union, tant aux entreprises qu'aux particuliers.

Règle morale : règle imposant un comportement social à partir de la distinction entre ce qui est bien et ce qui est mal, dont le respect n'est toutefois pas sanctionné.

Représentation : dispositif juridique qui permet à une personne (le représentant) d'agir au nom d'une autre personne (le représenté) pour qui elle peut passer des contrats.

S

Sanction civile : mesure prise à l'encontre d'une personne ayant porté atteinte aux droits d'autrui (dommages et intérêts, nullité d'un contrat, expulsion, etc.).

Sanction pénale : mesure prise à l'encontre d'une personne ayant commis une infraction portant atteinte à l'ordre social (emprisonnement, amende, retrait ou suspension du permis de conduire, etc.).

Sauvegarde de justice : mesure de protection provisoire d'un majeur qui ne le prive pas de sa capacité juridique, mais qui permet de faire annuler ou corriger des actes contraires à ses intérêts.

Siège social : lieu du principal établissement d'une personne morale.

Solidarité (principe) : principe juridique d'organisation de la société selon lequel chacun participe par ses contributions au bien-être des moins favorisés.

T

Témoignage : mode de preuve imparfaite consistant dans la déclaration faite par une personne rapportant un fait dont elle a eu personnellement connaissance.

Tribunaux administratifs : tribunaux chargés de juger les litiges entre l'Administration et des personnes ou des entreprises.

Trouble anormal du voisinage : gêne occasionnée par un propriétaire à un voisin soit de façon volontaire (abus du droit de propriété), soit de façon involontaire, mais dans des proportions dépassant la norme (inconvénient anormal du voisinage).

Tutelle : régime de protection d'un majeur qu'une altération de ses facultés physiques ou psychiques met dans l'impossibilité de pourvoir seul à ses intérêts ou régime de protection d'un mineur qui n'a plus ses parents ou ayant des parents hors d'état d'exercer l'autorité parentale.

Tuteur : personne chargée par le juge des tutelles de représenter l'incapable protégé par le régime de la tutelle.

U

***Usus* :** l'une des prérogatives du droit de propriété, celle d'utiliser la chose.

V

Voies de recours : action permettant à un justiciable de demander un nouvel examen en justice de l'affaire qui le concerne ; les principales voies de recours sont l'appel et le pourvoi en cassation.

N° de projet : 10292204 - Dépôt légal : avril 2023
Achevé d'imprimer, en mars 2023, en France, par Clerc à Saint-Amand-Montrond